DK **GUÍAS VISUALES**

AF277091

TOP **10**
MADEIRA

Top 10 Madeira

Lo mejor de Madeira

CONTENIDOS

Recorridos por Madeira

Datos útiles

Las listas Top 10 de esta guía no siguen un orden jerárquico en cuanto a calidad o popularidad. Cualquiera de las 10 opciones, a juicio del editor, tiene el mismo mérito.

Portadilla, cubierta y lomo Una ruta de senderismo en la cresta del Pico do Arieiro *Contraportada, desde arriba a la izquierda y en el sentido de las agujas del reloj* Igreja Matriz, São Vicente; puerto deportivo, Madeira; paseo marítimo de Funchal; Pico do Arieiro; vista desde Cabo Girão

Debido a la pandemia de COVID-19 muchos hoteles, restaurantes y tiendas han modificado sus horarios o se han visto obligados a cerrar. Por favor, consulte con cada establecimiento antes de acudir.

Toda la información de esta Guía Visual Top 10 se comprueba regularmente. Se han hecho todos los esfuerzos para que esta guía esté lo más actualizada posible a fecha de su edición. Sin embargo, algunos lugares han podido cerrar y algunos datos, como números de teléfono, horarios, precios e información práctica, pueden sufrir cambios. La editorial no se hace responsable de las consecuencias que se deriven del uso de este libro, ni de cualquier material que aparezca en los sitios web de terceros, además no puede garantizar que todos los sitios web de esta guía contengan información de viajes fiable. Valoramos mucho las opiniones y sugerencias de nuestros lectores. Puede escribir al correo electrónico: **travelguides@dk.com**

Bienvenido a
Madeira

Sus soleadas playas y sus bonitos parques, sumados a la extraordinaria red de senderos que discurren junto a las *levadas*, hacen de Madeira una pintoresca obra maestra. Esta isla subtropical es también un destino con una gran riqueza cultural, famosa también por su vino de primera calidad. Con la guía Top 10 Madeira ya puede comenzar a explorarla.

La animada Funchal fue construida a lo largo de siglos de historia: su hermosa **catedral** data del siglo XVI y en el **Museu de Arte Sacra** se encuentran fabulosas obras de arte flamencas. Pasee por el **Museu da Quinta das Cruzes,** hogar de João Gonçalves Zarco, que reclamó Madeira para Portugal en 1419. Disfrute de la **Zona Velha** (casco antiguo), ahora llena de animados bares, galerías a la última y restaurantes sensacionales.

Aparte de la ciudad, Madeira es un importante destino para hacer actividades al aire libre. Sus caminos y senderos se encuentran entre los mejores de Europa, y mientras algunos coronan las altas cumbres de la isla, otros serpentean entre los **bosques de laurisilva,** protegidos por la Unesco. Sus cálidas y cristalinas aguas azules ofrecen la posibilidad de practicar deportes acuáticos, y son memorables las travesías para observar ballenas y delfines. Vale la pena darse una vuelta por la vecina **Porto Santo,** que es especial por sus magníficas playas de arena dorada.

Tanto si viene un fin de semana o una semana, esta guía Top 10 recoge todo lo que Madeira le puede ofrecer, desde edificios históricos e iglesias hasta *outlets* de vino y tiendas especializadas. Encontrará consejos útiles, desde sugerencias de actividades gratuitas hasta cómo evitar multitudes, además de 7 itinerarios fáciles para recorrer los lugares turísticos en un corto espacio de tiempo. Súmele sugerentes fotografías y planos detallados y tendrá el compañero de viaje perfecto en su bolsillo. **Disfrute de la guía y disfrute de Madeira.**

Desde arriba y en el sentido de las agujas del reloj: Fortaleza de Sao Tiago, azulejo portugués antiguo, iglesia de Nuestra Señora de Monte, flores frente al mar, flor local, senderos de *levada*, playa de Porto Santo

Explorar Madeira

Esta isla, un hermoso destino con clima templado, cautiva por su riqueza cultural y su exuberante paisaje.
He aquí algunas ideas para una estadía de dos días, o de siete, que le ayudarán a descubrir la vibrante capital de la isla, la magnífica costa y el espectacular paisaje.

El interior de la catedral de Funchal posee un ornamentado altar del siglo XVI

Dos días en Funchal

Día ❶

MAÑANA
Conozca la historia de la isla en **Madeira Film Experience** *(ver p. 76)* o haga una visita guiada con **History Tellers** *(ver p. 76)*. Comience el recorrido en el **Museu CR7** *(ver p. 48)* y después déjese por lo menos una hora para contemplar la magnífica colección de arte del **Museu de Arte Sacra** *(ver pp. 14-15)*.

TARDE
Disfrute de las exposiciones del **Museu da Quinta das Cruzes** *(ver pp. 18-21)* antes de visitar la **catedral de Funchal (Sé)** *(ver pp. 12-13)*. Termine el día con una visita guiada reservada por la **bodega Blandy** *(ver pp. 16-17)*.

Día ❷

MAÑANA
Únase a la muchedumbre del **Mercado dos Lavradores** *(ver pp. 24-25)*. Después, ilumínese en la **Casa da Luz - Museu de Electricidade** *(ver p. 22)*. Pase el resto de la mañana absorbiendo la información del **Madeira Story Centre** *(ver p. 23)*.

TARDE
Continúe explorando la **Zona Velha** *(ver pp. 22-23)* y las tiendas de **Armazém do Mercado** *(ver p. 23)*. Suba a la **Fortaleza de São Tiago** *(ver p. 22)* del siglo XVII y cene en **Gavião Novo** *(ver p. 79)*.

Siete días en Madeira

Días ❶ y ❷
Siga el itinerario de dos días.

Día ❸
Coja el teleférico al **Jardim Botânico** *(ver pp. 26-29)* vía **Monte** *(ver pp. 34-35)*. Regrese de Monte en los carros que regresan a la ciudad. Después diríjase a **Marina** *(ver p. 75)*, el puerto deportivo, para hacer un crucero turístico o una **excursión para avistar ballenas y delfines** *(ver p. 58)*.

Día ❹
Conduzca a **Pico do Arieiro** *(ver pp. 38-39)* para contemplar las espectaculares vistas. Vuelva sobre sus pasos a **Ribeiro Frio** *(ver p. 83)* para comer en el

La **cumbre de Pico do Arieiro**, el tercer pico más alto de la isla, tiene unas vistas impresionantes.

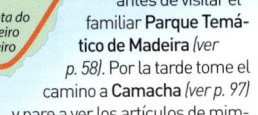

Leyenda

— Itinerario de dos días
— Itinerario de siete días

São Jorge

Parque Temático de Madeira

Santana

Boca da Encumeada

Balcões

Levada do Furado

Pico do Arieiro

Ribeiro Frio

5

Machico

6

Camacha

4

Monte

6

Quinta do Palheiro Ferreiro

Cabo Girão

3

Jardim Botânico

Funchal

Câmara de Lobos

Marina

7

Porto Santo (75 km)

m   5

restaurante. Baje la comida siguiendo la **Levada do Furado** *(ver p. 55)* hasta Balcões para deleitarse con las fabulosas vistas de los valles. Cene en Funchal en **Armazém do Sal** *(ver p. 79)*.

Día ❺

Llegue temprano a **Câmara de Lobos** *(ver p. 82)*. Maravíllese con la espectacular panorámica que se ve en **Cabo Girão** *(ver p. 81)*. Desde **Ribeira Brava** *(ver p. 87)* diríjase al interior a **Boca da Encumeada** *(ver p. 81)* y coja la carretera de Paul da Serra hasta **Porto Moniz** *(ver p. 88)* y **O Cachalote** *(ver p. 91)*, un restaurante encantador. Vaya hacia el este hasta **Ribeira da Janela** *(ver p. 90)* y luego siga la carretera hasta **Fanal** *(ver p. 54)*, un bosque con árboles centenarios de *Ocotea foetens* a menudo cubiertos por una niebla brumosa.

Día ❻

Desayune en **Machico** *(ver p. 95)* y, si está abierta, visite la **Capela dos Milagres** *(ver p. 47)*. En Santana encontrará las icónicas casas en forma de A *(ver p. 82)*. Admire las vistas al mar en **São Jorge** *(ver p. 54)*

antes de visitar el familiar **Parque Temático de Madeira** *(ver p. 58)*. Por la tarde tome el camino a **Camacha** *(ver p. 97)* y pare a ver los artículos de mimbre. Después recorra los encantadores jardines de la **Quinta do Palheiro Ferreiro** *(ver pp. 32-33)*. Regrese a Funchal para reflexionar sobre el día con una deliciosa cena hecha a base de ingredientes locales en **Dona Amelia** *(ver p. 79)*.

Día ❼

Embárquese para pasar el día en un crucero en Porto Santo. En **Vila Baleira** *(ver p. 101)*, visite la **Casa Museu Cristóvão Colombo** *(ver p. 102)*. Después relájese en uno de los cafés de Largo do Pelourinho. Si hace calor vaya a la playa *(ver p. 52)*. Si prefiere explorar, alquile una moto y siga el itinerario de **Porto Santo** *(ver p. 103)*. Regrese a Vila Baleira a tiempo para tomar el crucero de vuelta a Funchal.

La **playa de Porto Santo** es una magnífica extensión de arena dorada.

Top 10 Madeira

Paisaje montañoso visto
desde el Pico do Arieiro

TOP 10 Lo esencial de Madeira

Madeira es un isla de contrastes. La capital, Funchal, con su bonito centro histórico es, en toda su majestuosidad, comparable a la moderna Lisboa. En el interior, la naturaleza se muestra en todo su esplendor y bosques primigenios, fértiles jardines floridos y áridas cumbres volcánicas cubren el paisaje.

1 Catedral de Funchal (Sé)

Construida con rocas y madera de la isla, la Sé de Funchal es un monumento a la piedad de los primeros colonos de Madeira *(ver pp. 12-13).*

2 Museu de Arte Sacra, Funchal

El comercio con Amberes en el siglo XV permitió a los comerciantes de Madeira vender su valioso azúcar y comprar obras de arte flamencas que se muestran en este museo *(ver pp. 14-15).*

3 Bodega Blandy, Funchal

Madeira es conocida por sus vinos, famosos por la complejidad y profundidad de su sabor. En esta histórica bodega se pueden probar caldos de diferentes cosechas *(ver pp. 16-17).*

4 Museu da Quinta das Cruzes, Funchal

Elegante mansión, construida sobre la residencia del primer gobernador de la isla, João Gonçalves Zarco *(ver pp. 18-21).*

5 Zona Velha

El casco antiguo de Funchal es el centro de la vida nocturna de moda: con animados bares y restaurantes alrededor de la Rua de Santa Maria *(ver pp. 22-25)*.

6 Jardim Botânico, Funchal

Gran escaparate de plantas que se benefician del clima cálido y húmedo de la isla, desde orquídeas selváticas hasta cactus *(ver pp. 26-29)*.

7 Quinta do Palheiro Ferreiro

Dos siglos de cuidados han dado lugar a este magnífico jardín no estacional, donde las flores se disponen conforme a un diseño paisajístico inglés *(ver pp. 32-33)*.

8 Monte

Romántico mundo de jardines y casas de té en el que fue hogar del emperador Carlos I. Regrese en un carro de cesto *(ver pp. 34-35)*.

9 Curral das Freiras

Durante las incursiones piratas, las monjas de Santa Clara se refugiaban en este valle rodeado de riscos escarpados *(ver pp. 36-37)*.

10 Pico do Arieiro

Es fácil sentirse en la cima del mundo al contemplar el montañoso interior de Madeira desde la cumbre de su tercer pico más alto *(ver pp. 38-39)*.

⭐ Catedral de Funchal (Sé)

Si se exceptúan los pináculos del ala este, el exterior de la Sé de Funchal es muy sobrio. Como contraste, el interior está lleno de estatuas, pinturas y capillas doradas. El espectacular techo de maderas entrelazadas se inspira en la geometría morisca, mientras que en el suelo yacen las tumbas de obispos y comerciantes. Diseñada por Pero Anes con la ayuda del maestro masón Gil Enes, empezó a construirse en 1493. Fue consagrada en septiembre de 1514, cuando a Funchal se le concedió el estatus oficial de ciudad, y se finalizó en octubre de 1517.

INFORMACIÓN ÚTIL

PLANO P3 ■ Largo da Sé ■ 291 228 155 ■ www.catedraldofunchal.com

Horario Los horarios varían, consultar página web

■ La vida social de la ciudad se desarrolla en torno a la catedral. Los cafés situados al sur (Funchal y Golden Gate Grand Café) son populares puntos de encuentro para las personas que viven en el centro. Resultan perfectos para observar el ambiente.

■ La catedral es un templo religioso en activo. Para visitarla se deben respetar los servicios (laborables a las 8.00, 8.30, 11.00 y 17.30; sábados a las 8.30, 11.00 y 18.00; domingos a las 8.00, 9.00, 11.00, 17.00 y 18.00). El interior de la iglesia se ilumina durante la misa.

Crucero Sur ①

La luz entra por las vidrieras del crucero para iluminar el techo de madera y sus interminables nudos, que forman arabescos y estrellas. Las ajadas figuras alrededor del techo representan centauros, tritones y a la diosa Fortuna sosteniendo una vela hinchada por el viento.

② Nave norte

Los vínculos comerciales con Amberes se reflejan en una inusual plancha sepulcral de latón del siglo XVI, al oeste de la primera capilla. Representa al comerciante Pedro de Brito Oliveira Pestana y a su mujer Catarina.

③ Baptisterio

El suelo del vestíbulo está cubierto por losas funerarias de basalto negro del siglo XVI. Una placa *(derecha)* conmemora la visita del papa Juan Pablo II en 1991. A la izquierda se encuentra la pila bautismal (siglo XVI) del baptisterio gótico.

④ Sillería del coro

Olivier de Gand, escultor flamenco, talló entre 1510 y 1511 los asientos azules y dorados del coro *(izquierda)*, que representan a santos, apóstoles y profetas vestidos con los ropajes propios de los mercaderes de la época.

7 Pórtico oeste

El rey Manuel I de Portugal (1495-1521) aportó fondos para la construcción de la catedral. Su escudo de armas se halla sobre este pórtico de estilo gótico *(izquierda)*. El delicado rosetón situado encima de la pequeña corona está tallado en basalto rojizo local.

ALFARJES

La catedral de Funchal contiene uno de los alfarjes (techo de madera labrada y entrelazada) más intrincados de Portugal, comparable en esplendor al de la capilla del Palácio Nacional de Sintra, en la Península. El diseño de nudos y rombos, con formaciones similares a las estalactitas, se basa en el rico arte geométrico islámico medieval. Gran parte de Portugal permaneció bajo dominio musulmán entre 711 y 1249.

9 Extremo este

Desde el exterior de la catedral en dirección este se obtienen las mejores vistas del chapitel, la serie de pináculos y las balaustradas caladas.

10 Santuario

El tema náutico continúa en el techo dorado del santuario, donde se puede contemplar una talla de una esfera armilar rodeada por querubines pintados y un gran despliegue floral.

5 Retablo del altar

El enorme retablo *(arriba)*, creado a principios del siglo XVI, representa 12 escenas de las vidas de Cristo y la Virgen dentro de sus marcos góticos.

8 Techo

Los enebros autóctonos de Madeira se emplearon para crear un singular efecto en el techo de la nave principal, las naves laterales y los cruceros. Es uno de los mejores ejemplos de alfarjes portugueses, que mezcla elementos moriscos y europeos.

6 Naves principal y sur

En esta zona *(derecha)* hay muchas tumbas de obispos y mercaderes. Talladas en mármol y basalto, muestran el estilo portugués típico del siglo XVI.

TOP 10 ★ Museu de Arte Sacra, Funchal

En los siglos XV y XVI el arte sacro flamenco estaba de moda entre los ricos comerciantes de azúcar y propietarios de plantaciones en Madeira, que compraban y encargaban pinturas, trípticos y esculturas para sus capillas privadas y ostentosas casas. El Museu de Arte Sacra alberga hoy varias de estas raras obras maestras, como los retratos de algunos de los primeros colonos de la isla.

1 San Felipe y Santiago
En este cuadro de Van Aelst *(arriba)*, los donantes, arrodillados a ambos lados del panel central, han sido identificados como Simão Gonçalves de Câmara, nieto de Zarco, y su esposa Isabel.

2 Cruz procesional
En el año 1514, el rey Manuel I de Portugal (1495-1521) donó a la catedral este exquisito ejemplo de platería *(derecha)*. Las hornacinas góticas están repletas de minúsculas figuras de santos, así como escenas de la Pasión y la Crucifixión.

3 Vestíbulo
El museo se encuentra en el antiguo palacio episcopal, un edificio bastante lujoso. Los visitantes entran por una sala pavimentada con guijarros. Una escalera barroca de piedra de mediados del siglo XVIII está flanqueada por candelabros dorados.

4 Adoración
Rica en detalles, esta pintura anónima *(c.1518)*, procedente de la iglesia de Machico *(ver p. 95)*, representa a comerciantes y terratenientes de Madeira en el papel de Reyes Magos.

5 Anunciación de Joost van Cleve
En esta pintura de *c.*1515 se aprecian los resultados del comercio europeo de la época. Los pies de María descansan en una alfombra asiática y los lirios, símbolo de pureza, aparecen en un jarrón de Delft.

6 La Última Cena

Manuel Pereira esculpió para la catedral en 1648 esta tabla de madera de tamaño natural *(arriba)*. Judas se sienta solo, sujetando una bolsa de dinero.

7 San Sebastián

Esta estatua de piedra pintada *(derecha)* de principios del siglo XVI, de Diogo Pires, muestra los agujeros que alojaron flechas. San Sebastián, fue condenado a muerte por su fe; sobrevivió a las flechas, pero más tarde fue decapitado.

8 Descendimiento de la cruz de Gerard David

El rostro de la Virgen *(abajo)* transmite resignación en el panel central de este tríptico de 1518. Los paneles laterales muestran a los mecenas: el mercader florentino Simon Acciaiuoli y su esposa Maria.

9 Santiago de Dieric Bouts

Un estudio sobre Santiago, pintado en Brujas en la década de 1470, muestra el manto escarlata del santo. Este y el prado cubierto de flores son típicos del maestro flamenco Dieric Bouts, amante del color y los detalles naturalistas.

10 Santa Ana y san Joaquín

Se cree que esta pintura *(derecha)* de la escuela de Amberes, de principios del siglo XVI, muestra al rey Ladislao III de Polonia *(ver p. 43)* y a su esposa, Senhorinha Eanes. La tradición portuguesa cuenta que el monarca, conocido como Enrique el Alemán, renunció a la corona en 1454 para retirarse como granjero en Madeira.

EL ARTE FLAMENCO

Probablemente, los madeirenses no visitaban Amberes ni Brujas para posar ante los artistas flamencos, sino que enviaban esbozos (quizá realizados por arquitectos o escultores locales) o puede que confiaran en las descripciones de terceros. Los artistas no buscaban los parecidos exactos. De este modo, de acuerdo con la tendencia manierista, el pintor de la *Adoración* de Machico puso énfasis en los rasgos faciales distintivos –nariz grande, doble mentón y frente prominente– para dar más carácter a los sujetos.

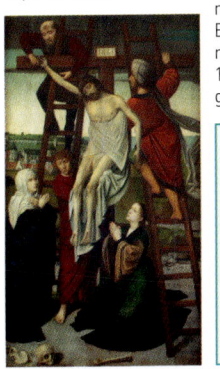

INFORMACIÓN ÚTIL

PLANO P3 ■ Rua do Bispo 21 ■ www.masf.pt

Horario 10.00-17.30 lu-vi (hasta 13.30 sá)

Entrada: 5 € (gratis menores de 12 años)

■ La logia renacentista que se abre a la Praça do Município ahora es el elegante Museu Café, para tomar un tentempié, almorzar o cenar. Se sirven ensaladas, platos de pasta, sopas caseras y comidas ligeras de 11.00 a 22.00 lu, mi y ju (hasta 24.00 ma y vi).

Bodega Blandy, Funchal

La bodega Blandy está situada en lo que queda de un monasterio franciscano del siglo XVII, que conserva su viguería antigua y sus patios adoquinados, a pesar de que en gran parte fue demolido cuando Portugal prohibió las órdenes religiosas, en 1834. La familia Blandy adquirió esta propiedad en 1840 y acordó derechos comerciales con Gran Bretaña. Desde entonces aquí se elabora vino de Madeira y es sede de varias empresas vinícolas británico-madeirenses.

INFORMACIÓN ÚTIL

PLANO P3 ■ Avenida Arriaga 28 ■ 291 228 978 ■ www.blandyswinelodge.com

Horario 10.00-18.30 lu-vi (hasta 13.00 sá)

Visitas *premium:* 10.30, 14.30, 15.30 y 16.30 lu-vi, 10.30 sá; 12,50 €. Visitas *vintage:* 16.30 lu-vi; 25 €

■ Hay visitas *premium* en español, consultar horarios en la web.

■ Se pueden realizar catas de vino en el Max Römer Tasting Bar. El coste de la copa se devuelve si se compra una botella de vino, excepto en visitas *vintage* y combinadas.

■ En el claustro del antiguo monasterio de São Francisco, ahora convertido en jardín público, hay un café al aire libre.

① Bar de catas Max Römer

El artista alemán Max Römer (1878-1960) pintó en 1922 los deliciosos murales *(arriba)* sobre el cultivo y la cosecha de la uva que cubren las paredes del bar de catas, en la planta baja.

② Desvanes

Grandes vigas de madera sostienen tres pisos de almacenes ventilados. Los vinos se caldean con el calor del sol, con el método *canteiro,* que produce caldos de calidad.

Sala de vinos añejos ③

En esta sala *(derecha)* se guardan bajo llave y ordenados por fechas los vinos más valiosos. Se pueden catar aquí vinos de principios del siglo XX, o se puede optar por caldos de la década de 1980, muy interesantes y con precios más moderados.

④ Patio

El patio interior del complejo bodeguero se beneficia de la sombra de los bananos más altos de la isla *(arriba).* Está rodeado por tres pisos con balcones con glicinas.

7 Museo del Vino

De las paredes del museo cuelgan cartas de reconocimiento enmarcadas de reyes, presidentes y primeros ministros amantes del buen vino de Madeira. También se muestran libros encuadernados en cuero *(izquierda)* con todas las ventas registradas desde el siglo XVIII.

EL VINO DE MADEIRA

El vino de la isla tiene dos rasgos característicos. Primero, se fortalece añadiéndole coñac al final del proceso de fermentación, y segundo, se calienta en un proceso conocido como *estufagem (ver p. 63)*. Los beneficios del caldeamiento se descubrieron tras un viaje en barco alrededor del ecuador: los vinos transportados en la cubierta desarrollaron un sabor más profundo y complejo. Los productores buscaron recrear este efecto dejando madurar el vino en invernaderos.

9 Lagar del siglo XVIII

Lagar tradicional del siglo XVIII con el símbolo jesuita de la cruz dentro del triángulo en el patio. Los jesuitas monopolizaron el comercio del vino de la isla hasta finales del siglo XVIII, cuando el negocio pasó a manos de ingleses y escoceses.

5 La calle más antigua

La calle que discurre por el lado oeste de la bodega data del siglo XV, cuando se colonizó Madeira. Los toneles de vino se arrastraban en trineos sobre los adoquines hacia el puerto.

6 Sala de envejecimiento

En esta sala están las cubas de madera satinada que guardan el vino mientras madura. Estas cubas tienen más de cien años y pueden contener más de 9.000 litros de vino, donde se almacena hasta ser embotellado.

8 Tienda de vinos

Esta tienda cuenta con una selección de vinos producidos por la Sociedad de Vino de Madeira, además de aguardientes, licores y vinos de mesa portugueses.

10 Odres

El vino de la isla se llevaba a Funchal para ser vendido. Los porteadores o *borracheiros* transportaban pieles de cabra cargadas de mosto, a menudo más de 40 litros cada vez, a los almacenes.

TOP10 ★ Museu da Quinta das Cruzes, Funchal

Los primeros colonos de Madeira construyeron sus casas en los promontorios sobre el puerto para avistar la llegada de los barcos piratas. La Quinta das Cruzes es una de ella, originalmente construida por el capitán Zarco. La familia Lomelino la rehabilitó para convertirla en su lujosa residencia y hoy es un museo repleto de obras de arte.

3 Jardín de orquídeas

Un majestuoso drago (ver p. 27) hunde sus ramas en el umbráculo del jardín, situado en la parte trasera de la quinta. En los bancales se cultivan orquídeas tropicales para usarlas como flores cortadas.

1 Parque arqueológico

Los jardines al sur de la *quinta (arriba)* sirven como museo al aire libre de restos arqueológicos. Una de las mejores piezas es la tumba de João Rodrigues de Freitas (c. 1436-1523), navegante portugués y uno de los primeros colonizadores de Madeira.

Plano de Museu da Quinta das Cruzes

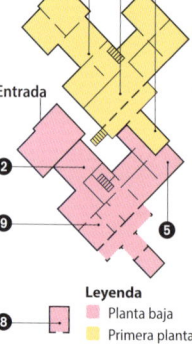

Leyenda
- Planta baja
- Primera planta

INFORMACIÓN ÚTIL

PLANO N2

Museu da Quinta das Cruzes: Calç. do Pico 1; horario 10.00-17.30 ma-sá; entrada: 3 €; https://mqc.madeira.gov.pt

Convento de Santa Clara: Calçada de Santa Clara 15; 291 742 602; entrada: 2 €

- El café-restaurante del museo tiene bonitas vistas a la bahía.

- En las taquillas encontrará información de los conciertos en el museo.

- Al museo se llega por una subida empinada, pero llegan taxis y el autobús Route Eco (5B).

2 Colección de plata

La rica colección de platería refleja las tendencias imperantes en Europa desde el siglo XVI hasta el XIX. Destaca la gran cruz procesional en plata dorada del siglo XVI y dos sonajeros en plata y coral de estilo inglés.

4 Salones

La finca de Zarco era una ajetreada granja y un centro administrativo. La familia Lomelino remodeló radicalmente la casa en los siglos XVIII y XIX y decoraron sus salones *(izquierda)* con muebles y cuadros de marcado estilo inglés.

⑤ Cajas de azúcar

El azúcar brasileño puso fin al comercio de azúcar de Madeira. Las cajas de madera en que se transportaba se convirtieron en armarios.

⑧ Capilla

La capilla, de 1692, alberga la tumba de Urbano Lomelino, un antiguo mercader de azúcar que emigró a la isla desde Italia a principios del siglo XVI.

EL CAPITÁN ZARCO

João Gonçalves, que recibió el apodo de Zarco (Tuerto) tras perder un ojo en batalla (1415), reclamó la isla de Porto Santo para Portugal en 1419 y Madeira en 1420. En 1425 regresó para establecerse. Zarco gobernó la mitad suroeste de Madeira, mientras que su compañero, Tristão Vaz Teixeira, lo hacía en la mitad noreste, desde Machico. La parte de Zarco resultó tener el mejor puerto, Funchal, que acabó siendo la capital. Murió en 1467, en Funchal (ver p. 42).

⑨ Palanquín

En la planta baja se muestra un palanquín del siglo XIX para pasear a una damas adineradas por Funchal. También se pueden ver grabados satíricos ingleses que ridiculizaban a sacerdotes y funcionarios pretenciosos.

⑩ Pintura de Tomás da Anunciação

En *Comida en el campo* (1865) *(abajo)* el fundador del romanticismo portugués retrata a la familia del segundo conde de Carvalhal en su Quinta do Palheiro Ferreiro (ver pp. 32-33).

⑥ Ventanas manuelinas

Los marcos de piedra de las ventanas que dan al jardín *(arriba)* son bellos ejemplos del estilo manuelino, inspirado en los viajes de descubrimiento del reinado de Manuel I de Portugal (1495-1521). Las tallas incluyen amarras entrelazadas, hojas, flores y leones.

⑦ Exposiciones

El museo también alberga una exposición permanente de artes decorativas de los siglos XV al XIX. Incluye obras de pintura, escultura, cerámica, joyería y mobiliario, destacando los dibujos y acuarelas de la isla de Madeira a lo largo del siglo XIX.

Convento de Santa Clara, Funchal

El fresco claustro del convento de Santa Clara, Funchal

1 Claustro

Este sosegado patio da acceso a las capillas y oratorios, donde las monjas solían pasar el día rezando. Desde aquí se puede admirar la cúpula del campanario, decorada con azulejos de cerámica azules, blancos y dorados, un rasgo poco común en el siglo XVII.

2 Tumba de la abadesa

Una lápida con caracteres góticos señala las tumbas de la primera abadesa del convento, Isabel de Noronha, y su hermana Constança. En señal de humildad, estas dos damas, cuyo abuelo era Zarco *(ver p. 19)*, eligieron ser enterradas en un pasillo para que las monjas pasaran sobre sus tumbas a diario.

Plano del convento de Santa Clara

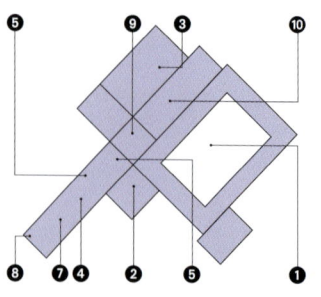

3 Entrada

El escudo de la orden de San Francisco está esculpido en el medallón de piedra del siglo XVII que corona las antiguas puertas de madera del pórtico del convento. Para entrar hay que llamar al timbre.

4 Coro inferior

Este coro alberga una sillería de madera de 1736, con tallas de querubines y curiosas cabezas de animales. El trono pintado estaba reservado para uso exclusivo del obispo o el máximo representante de la orden franciscana cuando visitaban el convento.

5 Reja

A través de la reja de hierro ubicada en el muro este del coro inferior, los fieles podían escuchar los piadosos cantos de las monjas, y estas podían oír al sacerdote dar misa. Este era el único contacto de las monjas con el mundo exterior.

6 Monumento a Zarco

El cofre con forma de ataúd situado en el extremo del coro inferior es una réplica de la lápida de mármol que estuvo ubicada en la capilla mayor sobre la tumba de Zarco *(ver p. 19)*. Se trasladó porque los sacerdotes se tropezaban con ella.

7 Coro superior

Esta alargada sala, con su suelo de baldosas moriscas verdes, su alfarje y su altar dorado con una estatua de la Virgen, era el lugar de rezo diario para la primera comunidad de monjas clarisas (orden hermana de los franciscanos), que llegaron a Santa Clara desde Portugal en 1497.

8 Calvario

La pintura de la crucifixión, en el extremo oeste del coro inferior, recordaba a las monjas la nimiedad de sus penas en comparación con el sufrimiento de Cristo. Más conmovedora es la estatua de Cristo del siglo XVII en su tumba.

9 Monumentos

En la parte trasera de la iglesia, un sepulcro de piedra sostenido por leones acoge los restos del yerno de Zarco, Martim Mendes de Vasconcelos, muerto en 1493. Zarco, que murió en 1467 *(ver p. 19)*, yace frente al altar mayor, pero la losa de su tumba permanece oculta bajo el suelo de madera.

10 Iglesia

Posee uno de los mejores interiores religiosos de Madeira, y se puede admirar sin visitar el resto del convento. La parte pública de la iglesia está cubierta por azulejos decorativos del siglo XVII. El tabernáculo de plata del altar data de 1671.

Azulejos del techo de la iglesia

IGLESIA DE SANTA CLARA

El convento de Santa Clara está rodeado por altos muros, construidos para proteger a las monjas de los entrometidos y mantenerlas concentradas en sus deberes, ajenas a las distracciones del mundo exterior. En el pasado, la única parte del convento abierta al público era la iglesia, con su magnífico tabernáculo de plata (1671) y su altar de madera, imitando a mármol y oro. Debido a su belleza y tranquilidad, Santa Clara es un lugar muy popular para celebrar bodas.

TOP 10
FECHAS EN LA HISTORIA DE SANTA CLARA

1 1476: convento

2 1493: finaliza la iglesia

3 1497: llegan las monjas

4 1566: las monjas huyen de los piratas

5 1671: tabernáculo

6 1736: sillería del coro

7 1797: se pinta la iglesia

8 1834: Portugal prohíbe las órdenes religiosas

9 1890: fallece la última monja

10 1927: funda la escuela

Apartado y elegante, el convento de Santa Clara conserva algunos tesoros históricos.

TOP 10 ⭐ Zona Velha, Funchal

La zona vieja de Funchal (el casco antiguo), llena de concurridos bares, cafeterías y famosos restaurantes se extiende alrededor de la antigua y empedrada Rua de Santa Maria. A principios del siglo XIX era un centro industrial y de comercio. Durante un largo periodo sufrió de dejadez y abandono, pero ese laberinto de calles estrechas y antiguos almacenes, antes olvidados, se revitalizó en 2010 gracias al proyecto "Arte de puertas abiertas" y conforma un centro social vibrante, orgulloso de sus tradiciones locales y con interesantes monumentos históricos y bienes culturales.

Arte de puertas abiertas ①

En la Rua de Santa Maria se encuentran algunos ejemplos extraordinarios de arte callejero *(derecha)*. Muchas de las puertas del vecindario están pintadas por artistas locales utilizando distintos estilos. También hay esculturas.

② Museu do Brinquedo

En el Armazém do Mercado, contiene una colección compuesta de 20.000 juguetes, entre ellas coches, juegos y muñecas donados por don José Manuel Borges Pereira y otros coleccionistas. Deben prestar atención a su colección de Star Wars y Action Man.

③ Fortaleza de São Tiago

Construida a principios del siglo XVII *(abajo)* es reconocible por sus gruesas paredes y color ocre. Con almenas y habitaciones ocultas, se construyó para proteger el puerto de los piratas *(ver p. 67).*

④ Jardim do Almirante Reis

Este atractivo espacio verde en el casco antiguo, compuesto por ondulantes praderas de césped cruzadas por senderos, a menudo alberga en verano ferias de arte, artesanía y otros eventos culturales.

⑤ Casa da Luz – Museu de Electricidade

Es un sitio que estimula la imaginación tanto a adultos como a niños. Construido dentro de una antigua estación eléctrica, sus enormes generadores diésel brillan como nuevos en la planta baja. En el primer piso hay una exposición multimedia e interactiva sobre las fuentes de energía.

⑦ Madeira Story Centre

La primera parada es este museo interactivo (*izquierda*) que describe la historia y la cultura de la isla desde sus orígenes volcánicos hasta la actualidad. Ordenada cronológicamente, necesita de más de una hora para asimilarla. Después puede relajarse en el restaurante de la azotea.

EL ARTE DE LAS PUERTAS DE FUNCHAL

En el año 2010 el artista español José María Zyberchema lanzó su proyecto "Arte de puertas abiertas", en el que utilizaba puertas en estado de abandono de la Rua de Santa María como si fuesen lienzos de un mural para dar brillo a un barrio muy deteriorado.

⑨ Capela do Corpo Santo

El sencillo exterior de esta capilla (*abajo*) de mediados del siglo XVI no promete mucho, pero una vez dentro las obras de arte que adornan sus muros y techos son impresionantes. La portada data del siglo XV (*ver p. 67*).

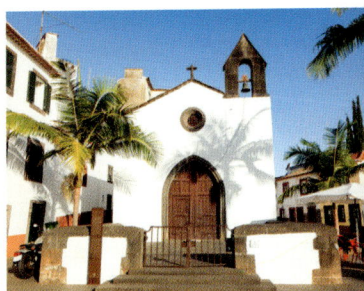

⑥ Armazém do Mercado

El "almacén del mercado" se construyó en una antigua fábrica de bordados. Hay tiendas de artesanía y restaurantes.

⑧ Teleférico

La estación del teleférico del Jardim do Almirante Reis es el comienzo del espectacular paseo hasta Monte (*ver pp. 34-35*).

⑩ Mercado dos Lavradores

Mercado de agricultores locales más concurrido de Funchal, especialmente los sábados por la mañana (*ver pp. 24-25*).

INFORMACIÓN ÚTIL

Arte de puertas abiertas: **PLANO P4-P5**; www.arteportasabertas.com

Museu do Brinquedo: **PLANO P4**; Rua L Coelho 39; se cobra entrada; www.armazendomercado.com/museu

Casa da Luz – Museu de Electricidade: **PLANO Q4**;

Rua Casa da Luz 2; 291 211 480. Horario: 10.00-12.30 y 14.00-18.00 ma-sá; entrada: 2,70 € (gratis men. 12 años)

Armazém do Mercado: **PLANO P4**; Rua do Hospital Velho 28. Horario: 10.00-19.00 lu-vi (hasta 14.00 sá); www.armazemdomercado.com

Madeira Story Centre: **PLANO P5**; Rua D Carlos I

27. Horario: 9.00-19.00; www.madeirastorycentre.com

Capela do Corpo Santo: **PLANO H6**; Largo do Corpo Santo. Horario: 9.30-12.30 y 14.00-18.00 lu-vi

Mercado dos Lavradores: **PLANO P4**; Largo dos Lavradores. Horario: 7.00-19.00 lu-mi (hasta 14.00 sá)

Mercado dos Lavradores, Funchal

Azulejos pintados azules que representan a Leda y el cisne

1 *Leda y el cisne*
A la derecha del porche de entrada, en un mosaico pintado, se ve cómo era el mercado a principios del siglo XX, con sus toldos de lona y vestimenta tradicional. La fuente de la imagen, coronada por una estatua de mármol de Leda y el cisne (1880), se halla ahora en el patio del ayuntamiento (ver p. 44).

2 Los vendedores de flores
Los vendedores de flores aún van vestidos al estilo tradicional. Sus trajes son tan coloridos y llamativos como sus orquídeas tropicales, plantas de ave del paraíso, lilas y anturios.

3 Carnicerías y bares
En las carnicerías se vende carne fresca, seca, cocida y embutidos. Están en una zona aparte, a la que se llega por las calles que están junto al mercado cubierto. Alrededor de su perímetro hay pequeños bares donde los vendedores del mercado y los clientes se toman un tentempié compuesto de altramuces, aceitunas o pasteles rellenos de natillas.

4 El mercado
Este edificio *art déco* fue originalmente diseñado en 1937 por Edmundo Tavares (1892-1983). Aunque está construido con materiales modernos, sus colores hacen referencia al basalto gris y rojizo de la arquitectura tradicional de Madeira.

5 Chocolate
Delicioso chocolate artesanal con los sabores tradicionales de Madeira se puede saborear en el

Flores de colores exuberantes a la venta

puesto de Uau Cacau. Hay que probar la premiada variedad de fruta de la pasión con trufa y el chocolate caliente. La firma tiene una tienda cerca de la catedral de Funchal (ver p. 46).

6 Cuadros de azulejos

El porche de entrada está decorado con más cuadros de azulejos. Los pintó en 1940 João Rodrigues y representan a los vendedores y los escudos de arma de Funchal (con cinco conos de azúcar en una cruz).

7 Frutas y verduras

En ambas plantas hay vendedores que ofrecen todo tipo de productos frescos. Aunque no todos son locales. Mientras intenta franquear los estrechos pasillos, no se sorprenda si los vendedores le ofrecen una rodaja de mango o un tomarillo color rojo sangre con la esperanza de que se detenga y compre. Muchas frutas se pueden conseguir a mejor precio en los puestos de fuera.

8 Mercado de pescado

Situado en el sótano, este ruidoso mercado muestra la estrecha relación de la isla con el mar en su amplia variedad de pescado y marisco, incluyendo atún recién pescado, besugo y pez sable negro.

Puestos en el mercado

9 Ferias temáticas

En los soportales que rodean el patio central hay más puestos de frutas y verduras, además de un par de tiendas de recuerdos y cafeterías. Cada semana, el mercado acoge aquí ferias temáticas sobre gastronomía, artesanía o antigüedades.

10 Herbolario

En el primer piso, cerca de las escaleras, hay un puesto que vende hierbas frescas y secas, todo cuidadosamente etiquetado. Hay manojos de manzanilla para el dolor de cabeza, hinojo y caramelos de eucaliptus para calmar los resfriados.

LAS FRUTAS DE MADEIRA

En el mercado de Funchal, hasta en los sitios más corrientes se puede llevar sorpresas: los pequeños plátanos con aroma a miel, no más grandes que un dedo, son los mejores que jamás probará. Ignore las manzanas brillantes y tomates importados y fíjese en las sabrosas variedades que se han cultivado en la isla durante siglos. Pruebe la producción local de caña de azúcar, membrillo, higos chumbos, nísperos, chirimoyas, guayaba, pitanga (cerezas brasileñas), papaya, maracuyá y granada.

En Madeira se venden **frutas tropicales,** como estos durios y mandarinas.

TOP 10 ⭐ Jardim Botânico, Funchal

Además de ser un buen lugar para que los amantes de las plantas aprendan todo sobre la asombrosa variedad de especies que crece en el clima húmedo y cálido de Madeira, constituye un espacio ideal para relajarse y disfrutar de la riqueza visual de los macizos de flores. El jardín ocupa unos terrenos que pertenecieron a la familia Reid (fundadora del famoso Reid's Palace); acertadamente construyeron su mansión en una soleada ladera con hermosas vistas panorámicas.

Alfombra de macizos

Los rombos, losanges y círculos purpúreos, rojos, verdes, amarillos, blancos y dorados de esta archifotografiada parte del jardín *(derecha)* demuestran la enorme riqueza y variedad de colores de las hojas de las plantas.

② Museo de Historia Natural

El Gobierno de Madeira compró en 1952 la Quinta do Bom Sucesso, o quinta de la Buena Suerte, construida por la familia Reid (ver p. 43) a finales del siglo XIX. En 1982 se inauguró el Museo de Historia Natural.

Plano del Jardim Botânico

③ Plantas costeras

Cerca de esta zona, donde se encuentra la colección de palmeras y cícadas, hay un pequeño grupo de plantas autóctonas y endémicas. Estas resistentes plantas logran crecer en acantilados rocosos o a lo largo de la costa.

Casa tradicional de Santana ④

En la parte sur del jardín hay una réplica de una casa tradicional de Santana *(derecha)* con el característico tejado de paja, ventanas cuadradas y un aspecto colorido *(ver p. 66)*. Rodeada de follaje tropical, es un lugar estupendo para hacer fotos.

⑥ Escultura vegetal

Esta parte del jardín (*izquierda*) está formada con arbustos podados en forma de espirales, pirámides, piezas de ajedrez o diversos animales.

⑦ Plantas comerciales

En esta zona del jardín crecen plantas que el hombre cultiva para obtener alimentos, fibras, aceites o tintes. Resulta una ocasión única para descubrir el aspecto de especies como el café, el cacao, la caña de azúcar o el algodón.

⑧ Vistas del valle

El lado oeste del jardín ofrece vistas del valle de João Gomes. A pesar de estar atravesado por un puente abierto al tráfico, se trata de un espacio vital para la flora y la fauna. Enormes pinos ancianos, con ramas retorcidas y cortezas rugosas, se aferran a las rocas cercanas al *miradouro* (mirador) que se asoma al valle.

⑤ Plantas autóctonas

Útil para recordar las especies autóctonas. Entre las que crecen en macizos cerca del museo destacan los geranios de Madeira y los enormes ranúnculos dorados.

⑨ Cactus y suculentas

A los niños les gusta mucho esta sección del jardín (*arriba*) por su parecido con el Lejano Oeste y por las arañas que tejen en las espinas de los cactus sus telarañas.

EL DRAGO

Sus ramas con aspecto carnoso tienen una corteza escamosa y gris que recuerda a los reptiles, mientras que las hojas son como garras. Cuando se corta, el árbol *sangra* una savia de color rojo vivo que forma una goma resinosa conocida como sangre de drago, muy cotizada antiguamente como tinte (tiñe las fibras de color púrpura), y era cosechada por marineros.

⑩ Plantas científicas

El personal investiga con las plantas cultivadas en esta sección para entender mejor la taxonomía, reproducción biológica y ecología.

INFORMACIÓN ÚTIL

MAPA H5 ▪ Quinta do Bom Sucesso, Caminho do Meio ▪ 291 211 200 ▪ www.ifcn.madeira.gov.pt

Horario: 9.00-17.30 diario; cerrado 25 dic

Entrada: 6 € (menores de 6 años gratis)

▪ Hay un café junto a un grupo de estanques llenos de lotos y lirios.

▪ Las mejores vistas se pueden disfrutar desde la "Cueva de los Enamorados" en lo alto del jardín.

▪ Los aficionados a las orquídeas no deben perderse el Jardim Orquídea a un corto aunque empinado paseo del Jardim Botánico.

▪ El teleférico lleva a Monte (*ver pp. 34-35*) en unos diez minutos.

Plantas de Madeira

Geranios nativos de Madeira

emplearlos en la construcción de barcos; casi todas las naves de la armada española estaban confeccionadas con este tipo de madera.

3 Ranúnculo gigante

El clima subtropical de Madeira parece estimular a las plantas para que se conviertan en gigantes. Las flores de pascua alcanzan cuatro metros de altura y los brezos parecen árboles más que arbustos. El ranúnculo gigante (*Ranunculus cortusifolius*) es un bonito arbusto presente en la isla.

4 Enebro de Madeira

La oscura madera del enebro de Madeira tiene un bello color. Es fácilmente visible en los alfarjes de la catedral de Funchal (*ver p. 13*), el convento de Santa Clara (*ver p. 21*) y la iglesia de Calheta (*ver p. 88*).

1 Geranio de Madeira

El geranio de Madeira (*Geranium maderense*), también conocido como pico de grulla, se ha convertido en una especie muy popular en toda Europa por su porte de arbusto, sus hojas plumosas y sus flores de color magenta.

5 Muguete o lirio de los valles

Se puede pasar por delante de este arbusto nueve meses al año sin reparar en él, pero entre agosto y octubre, el muguete (*Clethra arborea*, o *folhado* en portugués) ofrece un aspecto maravilloso, cubierto de aromáticas flores acampanadas del blanco más puro.

2 Til

Los portugueses talaron gran cantidad de enormes tiles (*Ocotea foetens*) tras su llegada a la isla, en 1420. Los troncos se talaban y se enviaban a Portugal y España para

6 Brezo blanco o urce

Emparentado con el brezo y con similares flores rosas acampanadas,

Laureles hediondos o tiles

el brezo blanco de Madeira *(Erica arborea)* puede alcanzar tamaños prodigiosos. En el Museo de Historia Natural *(ver p. 26)* se conserva un tronco carbonizado de un brezo que probablemente vivió varios cientos de años. Las ramas se usan en la isla para construir cercas y barreras contra el viento.

⑦ Laurel

Uno de los ingredientes clave del plato por excelencia de Madeira, la *espetada* (pinchos de carne de vacuno), es el laurel *(Laurus novocanariensis, o loureiro* en portugués). Tiene aromáticas hojas perennes y abunda en su forma silvestre.

⑧ Barbusano

El *Apollonias barbujana* (conocido como *barbusano* en portugués) es uno de los principales componentes del bosque perenne de Madeira. Sus brotes de color lima contrastan con el verde profundo de las hojas maduras.

⑨ Massaroco

El *massaroco (Echium candicans)* es casi el símbolo de la isla. Florece con gran profusión de espigas azules de larga duración entre diciembre y marzo, cuando las demás especies se muestran remolonas. Adorna los bordes de las carreteras.

Flor de massaroco

⑩ Caoba de Madeira

Los museos de la isla están repletos de bellos muebles elaborados con *vinhático (Persea indica)*, un tipo de caoba que alcanza gran altura y porte. El azúcar era tan valioso y caro en el siglo XV que se transportaba a Europa en cajones de esta madera.

MADEIRA: PATRIMONIO DE LA HUMANIDAD

El bosque primigenio que cubre gran parte del interior de Madeira es un vestigio de los bosques de laurel que se extendían por todo el sur de Europa hasta el último periodo glacial (que terminó hace unos 10.000 años). Solo en Madeira, Canarias, Azores y el oeste tropical de África el clima se mantuvo suficientemente cálido como para que sobrevivieran los árboles y arbustos subtropicales. Este tipo de bosque, conocido como laurisilva, constituye un valioso vínculo con el pasado. La Unesco declaró Patrimonio de la Humanidad una extensa área del bosque autóctono de la isla en 1999.

**TOP 10
PLANTAS SILVESTRES**

1 Viborera
2 Eonio
3 Ombligo de Venus
4 Cardo borriquero
5 Lengua de vaca
6 Delosperma
7 Arándano
8 Dedalera
9 Viola canina
10 Erigero

Madeira tiene una gran riqueza de plantas para contemplar. Entre ellas estos luminosos aeonium ornamentales verdes.

Páginas siguientes Lago central en el jardín tropical del palacio de Monte

TOP 10 ★ Quinta do Palheiro Ferreiro

El inconfundible estilo inglés de la Quinta do Palheiro Ferreiro obedece a su primer propietario, el rico conde de Carvalhal, cuya pasión por los paisajes ingleses le llevó a plantar bosques y prados cuando se trazó la finca, en 1804. Adquirida en 1885 por John Blandy, un comerciante de vino inglés, la quinta continúa hoy en manos de la misma familia. Su mujer, Mildred, la embelleció con plantas importadas de China, Japón y de su Sudáfrica natal.

Jardín Hundido ①

En el centro de este jardín *(derecha)* hay un estanque con nenúfares. Los cipreses marcan las esquinas y diversos arbustos recortados delimitan los cuatro tramos de escaleras. En los arriates crecen gazanias y siemprevivas.

Capilla ③

La pequeña capilla barroca *(izquierda)* posee ventanas de estilo veneciano y un techo enlucido donde se representa el bautismo de Cristo por san Juan Bautista.

Paseo de las Camelias ④

Desde el círculo de piedra llamado Avista Navios (lugar desde el que se avistan los barcos) se obtiene una amplia panorámica del puerto.

Jardín de la Señora ②

El Jardim da Senhora alberga arbustos recortados con formas de pájaros, y árboles añejos, incluido un gran til *(ver p. 28)*, dos pinos canarios y una retorcida sófora *(Sophora japonica)*, cuyas ramas y hojas caen formando un verde manto natural.

INFORMACIÓN ÚTIL

MAPA H5 ■ Caminho da Quinta do Palheiro 32, São Gonçalo ■ 291 793 044 ■ www.palheironatureestate.com

Horario 9.00-17.00 diario; entrada: 10 € (entre 15 y 17 años 5 €, gratis menores de 15 años)

■ El salón de té se encuentra en el extremo inferior del jardín, junto a una zona convertida en campo de golf *(ver p. 57)*.

■ El jardín de las rosas, cerca de la capilla, incluye rosas tradicionales y nuevas variedades provenientes de Reino Unido.

⑦ Terraza
Pavimentada con minúsculos guijarros marinos, la terraza (*arriba*) ofrece buenas vistas de la casa (cerrada) que John Blandy construyó en 1885, combinando con éxito los estilos arquitectónicos inglés y madeirense.

Plano de Quinta do Palheiro Ferreiro

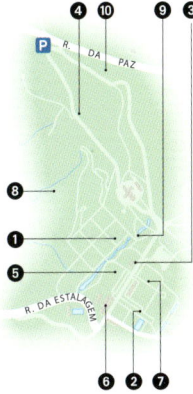

⑧ Valle del Infierno
A pesar de su nombre, este valle está formado por un laberinto de bambúes, helechos, enredaderas y bosques autóctonos.

⑨ Jardín del Arroyo
El arroyo surge de un manantial que atrae a los pájaros. Bordeado por azaleas, rododendros y tritonias escarlatas, está atravesado por hermosos puentes.

⑩ Avenida Larga
Camelias y plátanos, muchos plantados hace 200 años, flanquean esta avenida. Las flores rojas, rosas y blancas alcanzan su mejor momento entre noviembre y abril.

⑤ Arriates
Plantas herbáceas típicas de los arriates ingleses, como las azucenas, se combinan con delicadas orquídeas y trompetas de ángel (*Datura*). Rosales trepadores y jazmines cubren los arcos e impregnan el ambiente con su aroma.

Casa Velha ⑥
La Casa Vieja (*derecha*) ahora es un lujoso hotel (*ver p. 114-115*). La archiduquesa Leopoldina de Austria se alojó aquí de camino a su boda con Pedro I de Brasil en 1817.

⭐ Monte

Monte se desarrolló a finales del siglo XVIII como un elegante y saludable refugio del calor y el ajetreo de la capital. Los alrededores de Funchal ya se han extendido hasta alcanzar Monte, pero aquí todavía se mantiene la sensación de escapar de la ciudad y entrar en un mundo aparte. El aire fresco se llena de cantos de pájaros. Son pocos los vehículos que transitan por sus calles adoquinadas y abundan los parques exuberantes, entre los que destaca el extraordinario jardín tropical del palacio de Monte.

① Jardín tropical del palacio de Monte

Sus lagos, cascadas y el atractivo museo han convertido al jardín tropical del palacio de Monte *(arriba)* en uno de los jardines botánicos más hermosos del mundo.

② Carros de cesto

Estos carros *(derecha)* son conducidos por *carreiros*, vestidos elegantemente. Los carros recorren 2 km, desde Monte hasta Livramento.

③ Senderos de *levada*

Desde Monte, se puede tomar la Levada do Bom Sucesso, que es una ruta un poco difícil hasta el casco antiguo de Funchal *(ver pp. 22-23)*. La Levada dos Tornos lleva a los jardines de Palheiro Ferreiro *(ver pp. 32-33)*.

④ Estación del teleférico

Esta terminal es el único edificio moderno de Monte. A lo largo del viaje en teleférico, sobre el valle de João Gomes, se pueden contemplar numerosas especies autóctonas protegidas.

⑧ Escalinata de la iglesia

En el día de la Asunción (15 de agosto), los peregrinos suben de rodillas la empinada escalinata *(izquierda)* de la iglesia de Monte para rendir culto a la Virgen. Se dice que fue la propia Virgen quien la entregó en una aparición a una pastora en el siglo XV.

⑤ Parque do Monte

Este parque público se trazó en 1894 debajo de un viaducto ferroviario cubierto por plantas *monstera deliciosa*. Los caminos empedrados se adentran en un valle.

⑨ Centro Interpretativo do Caminho de Ferro Do Monte

Esta antigua estación de ferrocarril alberga una exposición sobre el tren de vapor de Madeira, un servicio ahora sustituido por el teleférico.

⑥ Plaza de la Fuente

Situada en un anfiteatro natural, la plaza principal de Monte está pavimentada con guijarros erosionados por el mar. Debe su nombre a la fuente de mármol de 1897, en cuya parte trasera se halla una estatua de la Virgen de Monte, copia de la que se conserva en la iglesia.

⑩ Quinta do Monte

Convertida en un bello hotel *(ver p. 114)*, esta quinta del siglo XIX se halla en un bonito terreno escalonado, abierto al público durante el día. En el corazón del jardín se sitúa la capilla barroca *(arriba)* de la Quinta do Monte; y un bonito cenador, donde se encuentra un pequeño café.

⑦ Nossa Senhora do Monte

Nuestra Señora del Monte, inaugurada en 1818, sustituyó a una capilla del siglo XV obra de Adão Ferreira (primera persona nacida en Madeira junto a su hermana gemela, Eva). La iglesia alberga la tumba del emperador Carlos I de Austria.

TOP10 ★ Curral das Freiras

La mejor manera de captar la grandeza del montañoso interior de Madeira es visitar el Curral das Freiras (Refugio de las Monjas), el recóndito valle que usaban como escondite las monjas del convento de Santa Clara durante las incursiones piratas en la isla. Ahora es una pequeña aldea. Tras una visita al lugar en 1825, H. N. Coleridge (sobrino del poeta inglés S. Coleridge) describió el Curral como "uno de los grandes espectáculos del mundo".

① Carretera
Hasta que se construyó la carretera en 1969 (abajo), la única conexión con el valle era el sendero. Esta antigua carretera hoy está cerrada. En su lugar, modernas autovías conectan el resto de la isla.

② Vista este
Los primeros exploradores pensaron que, por su forma de caldera y los escarpados riscos que se elevan al este, el Curral das Freiras era un volcán. En realidad, su forma es el resultado de la erosión provocada por la lluvia y los ríos durante millones de años.

③ Bosques de castaños
El descenso a la aldea pasa por bosques de castaños. Los árboles visten flores blancas de un dulce aroma en agosto y dan castañas comestibles en octubre. Más abajo hay bosques de laurisilva (ver p. 29). En junio abundan las orquídeas silvestres.

④ Poço dos Chefes
A medio camino entre el inicio del sendero y el pueblo, esta poza natural (derecha) es uno de los pocos lugares para nadar en el interior. Vale la pena tomarse unas horas para relajarse y disfrutar de las vistas de las montañas que lo rodean. Es aconsejable llevar comida y bebida.

Igreja Matriz ⑤

La iglesia de Curral das Freiras data de principios del siglo XIX. El último domingo de agosto, una estatua del patrón se saca en procesión por las calles adornadas con flores de papel de colores.

⑧ Eira do Serrado

La visión de este paisaje (*izquierda*), así como el descenso a la propia aldea forman parte imprescindible de la visita al Curral das Freiras. Hay un hotel y un restaurante, donde poder quedarse a comer o cenar, o incluso pasar la noche (ver p. 116).

⑨ Vista oeste

Hacia el oeste hay una cresta en la que destacan tres cumbres: Pico do Cavalo, Pico do Serradinho y Pico Grande, el más alto de todos, con 1.654 m. El siguiente gran valle va de Ribeira Brava a São Vicente por el puerto de la Encumeada.

⑥ Sendero

Se puede caminar hasta la aldea a través del sendero empedrado que arranca del aparcamiento. El camino tiene 52 curvas; en la parte inferior gire a la derecha y camine hacia la aldea.

⑦ Vista norte

Mirando al norte, a la la derecha, hay un camino abrupto junto a un acantilado. Conecta el mirador con el pueblo, pero, debido al constante desprendimiento de rocas, está raramente transitado por excursionistas.

INFORMACIÓN ÚTIL

MAPA G4 ■
www.horariosdofunchal.pt

....

■ **Sabores do Curral** *(ver p. 85)* sirve deliciosos platos de gastronomía local en una terraza con espectaculares vistas de la montaña.

■ Numerosas agencias de viajes de Funchal ofrecen excursiones al Curral das Freiras, a menudo combinadas con visitas a Monte *(ver p. 34)* o Câmara de Lobos *(ver p. 82)*. La mayoría de estas excursiones no llegan más lejos de la Eira do Serrado.

⑩ Gastronomía

Merece la pena probar platos tradicionales como la sopa y la tarta de castañas en el pueblo. La importancia de la castaña en la zona queda patente en el Museo de la Castaña y la Fiesta de la Castaña en noviembre.

TOP 10 ★ Pico do Arieiro

No se necesita equipo de montañismo para llegar a la cima del tercer pico más alto de Madeira, ya que una carretera lleva desde Funchal hasta el silencio de la cumbre en menos de una hora. El lugar constituye una incomparable plataforma panorámica que ofrece vistas de los picos y barrancos del macizo central de la isla. Desde aquí puede estudiar la asombrosa variedad de formaciones rocosas ocasionadas por las sacudidas volcánicas que crearon la isla.

3 Rediles
Se ha prohibido la actividad ganadera en el parque ecológico para que crezcan los arándanos y los brezos, pero los rebaños de ovejas y cabras pacen alrededor de la cumbre, donde se pueden ver sus rediles.

4 Vista oeste
Desde la cima, la panorámica hacia el oeste domina toda la cordillera central de la isla, con su sucesión de picos afilados. Los colores predominantes son el rojo, el marrón, el negro y el púrpura de los volcanes oxidados, más propios de Marte que de la Tierra.

1 Casa de hielo
Este edificio con forma de iglú (*arriba*), 2 km al sur del pico, es conocido como Poço da Neve (pozo de nieve). Lo construyó un heladero italiano en 1813. El hielo de neveros como este proporcionaba a los adinerados turistas agua de nieve durante el cálido verano.

2 Sendero
El sendero (*abajo*) que une cuatro grandes picos de la isla constituye una de las rutas más emocionantes. No debe intentarse sin equipo de montañismo pues abundan los túneles y los precipicios sin barandilla y son habituales las tormentas repentinas. Una señal amarilla marca el inicio; tras los primeros 100 m ya se obtienen bellas vistas de la cumbre.

8 Parque ecológico

De camino al pico, a unos 12 km de Funchal, se pasa frente a la entrada de un parque ecológico (izquierda) donde se ha reforestado el bosque primigenio. Es un lugar muy popular para hacer una merienda campestre.

5 Vista este

Cuando se mira hacia el este desde el pico, se contemplan las verdes laderas del bosque autóctono de la isla (ver p. 29). Es posible ver las praderas de Santo da Serra y la larga estribación rocosa de la isla.

6 Flora y fauna

Incluso en las desnudas y secas rocas de los picos, las plantas encuentran grietas que proporcionan cobijo y humedad. Entre las aulagas y los brezos viven saltamontes y la camuflada mariposa gris, una especie autóctona.

9 Café

El café de la cumbre (abajo) muestra fotografías del pico al atardecer, al amanecer y nevado. Animan a realizar varias visitas para disfrutar de los colores del cielo al alba o al atardecer, o para contemplar por la noche la cúpula celeste.

7 Diques volcánicos

Otro rasgo distintivo de las vistas al oeste y al sur es una serie de grises afloramientos rocosos paralelos, que dibujan los perfiles del paisaje. Se trata de vetas verticales de roca volcánica dura que han resistido la erosión de la lluvia, el hielo y el viento.

LOS ORÍGENES DE LA ISLA

La formación de Madeira comenzó hace 18 millones de años, cuando la lava irrumpió en la superficie del océano y creó estratos de basalto. El Pico do Arieiro tardó 15 millones de años en alcanzar su altura actual. Durante otros 2.250.000 años, las erupciones derramaron lava desde el centro de la isla, creando las mesetas de Paul da Serra al oeste y de Santo da Serra al este.

10 Cima

Una corta subida desde el café conduce a la cima, 1.818 m sobre el nivel del mar. Está marcada por un poste de hormigón usado para medir la altitud y la situación.

Lo mejor
de Madeira

**Bailarinas durante el desfile anual
de las Flores en Madeira**

Hitos históricos

TOP 10

1 Formación de la isla
Hace 20 millones de años comenzó a emerger el archipiélago de Madeira (primero Porto Santo y después Madeira y las Ilhas Desertas). Se crearon bolsas de suelo fértil y las tormentas erosionaron los estratos más blandos de las cenizas volcánicas.

2 Los primeros visitantes
Los marinos viajaban a Madeira para recoger savia de drago, utilizada para teñir ropa. Aunque se menciona en la *Historia Natural* de Plinio el Viejo (23-79), Madeira aparece por primera vez en el mapa de los Medici en 1351 como Isola de Lolegname (isla de la Madera).

Enrique el Navegante en armadura

3 Desembarco de Zarco
El príncipe Enrique el Navegante (1394-1460), hijo del rey Juan I de Portugal, se dio cuenta del valor que tenía Madeira para los marinos que exploraban el océano Atlántico y envió allí a João Gonçalves, Zarco (1387-1467, *ver p. 19*). Zarco incorporó Madeira a la Corona portuguesa en 1419.

4 La colonización
La colonización portuguesa de Madeira empezó en 1420. Machico fue la primera capital, pero Funchal tenía mejor puerto por lo que adquirió el estatus de ciudad en 1508. Tras la llegada de Zarco, densas áreas boscosas se quemaron para conseguir tierras de cultivo y se trajeron esclavos de las colonias portuguesas para trabajarlas.

5 Producción de azúcar y esclavitud
Alrededor de 1470, Madeira exportaba trigo, tintes, vino y madera, pero lo que producía mayores ganancias era el azúcar. Gracias al comercio con Londres, Amberes, Venecia y Génova, la isla fue durante 150 años el principal productor de Europa. Para cumplir con la demanda, se trajeron esclavos de las Canarias y del oeste de África. La esclavitud fue legal hasta 1773, cuando la abolió el marqués de Pombal.

6 El vino
La riqueza se convirtió en asunto del pasado cuando el azúcar brasileño y caribeño se hizo con los mercados europeos, a mediados del siglo XVI. El malvasía, un sabroso vino dulce, pasó a ser el primer producto de exportación de Madeira.

7 La llegada de los ingleses
Los mercaderes ingleses pasaron a controlar el comercio del vino a partir de la boda del rey Carlos II de Inglaterra con la princesa

Catalina de Braganza

portuguesa Catalina de Braganza en 1662. Los impuestos ingleses y estadounidenses sobre el vino de Madeira se redujeron como parte del acuerdo matrimonial. La isla era tan valiosa que enviaron una fuerza armada en 1801 para defenderla de Napoleón.

⑧ Reid's Palace

Al finalizar las guerras napoleónicas, Madeira se convirtió en destino turístico invernal para los ricos europeos. Símbolo de la época es el Reid's Palace *(ver p. 115)*, fundado por William Reid, que llegó a la isla en 1836 e hizo fortuna alquilando casas a los visitantes aristócratas.

Soldados en las calles de Lisboa

⑨ La autonomía

Madeira permaneció ajena a las peores consecuencias de las dos Guerras Mundiales; pero, en 1974, año de la Revolución de los Claveles de Portugal, era una de las regiones más pobres de Europa. En ese año, la dictadura fue derrocada por una sublevación pacífica del Ejército y la sociedad civil. En 1976, Madeira consiguió la autonomía, excepto los impuestos, política exterior y defensa.

⑩ Aniversarios

En 2008 Funchal celebró su 500º aniversario como capital de una isla cada vez más próspera. Entre 2018 y 2020 el archipiélago conmemoró su 600º aniversario con diferentes eventos y espectáculos para celebrar la llegada de los primeros colonos a Porto Santo en 1418 y a Madeira en 1419.

TOP 10: MADEIRENSES FAMOSOS

El futbolista Cristiano Ronaldo

1 Vicente Gomes da Silva
Silva (1827-1906) fue uno de los primeros fotógrafos portugueses. Su trabajo se muestra en el Museo de Fotografía de Madeira *(ver p. 49)*.

2 Francisco Franco de Sousa
Fue (1885-1955) uno de los mejores escultores del movimiento modernista portugués. Diseñó el monumento a Zarco *(ver p. 45)*, en Funchal.

2 Edmundo Bettencourt
Cantante y poeta, Bettencourt (1899-1973) es famoso por introducir nuevos temas en el fado al estilo de Coimbra.

3 Martha Telles
Esta artista comenzó a pintar en Madeira como discípula de Max Römer.

5 Herberto Hélder
Considerado uno de los poetas portugueses más importantes del siglo XX, Hélder (1930-2015) escribió poesía experimental y surrealista.

6 Antonio da Cunha Telles
Pionero del movimiento *novo cinema* portugués, Cunha Telles (1935-2022) rodó su primera película, *O Cerco,* en 1970.

7 Paulo David
Arquitecto (1959), autor del Museu de Arte Contemporânea da Madeira *(ver p. 90)*.

8 Nini Andrade
Muchos hoteles han sido renovados por esta interiorista (1962). Un museo en Funchal lleva su nombre *(ver p. 77)*.

9 Fátima Lopes
Diseñadora de moda (1962) con marca propia que exhibe sus colecciones por todo el mundo.

10 Cristiano Ronaldo
Nacido en 1985 en Funchal, este famoso futbolista viaja regularmente a la isla para visitar a familiares y amigos.

🔟 Edificios históricos

1 Capela do Corpo Santo, Funchal

Esta capilla del siglo XVI, situada en la Zona Velha, fue construida y administrada por el Gremio de São Pedro Gonçalves, una organización benéfica que se encargaba de reunir fondos para los pescadores y sus familias *(ver pp. 22-23)*.

2 Capela de Santa Catarina, Funchal

PLANO Q2 ■ Jardim de Santa Catarina

Constança de Almeida, esposa de Zarco, fundó en 1425 esta capilla.

Capela de Nossa Senhora da Conceição

3 Capela de Nossa Senhora da Conceição

MAPA F6 ■ Câmara de Lobos

Los pescadores rezan antes y después de hacerse a la mar en esta sencilla pero conmovedora capilla. Los murales describen cómo san Antonio de Padua (nacido en Lisboa) sobrevivió a un naufragio.

4 Atalaya, Funchal

PLANO P3 ■ Rua do Bispo

Enfrente del Museu de Arte Sacra *(ver pp. 14-15)* se alza un edificio con una *torremirante*. Estas torres, típicas de las casas más distinguidas de Funchal, se construían para que sus propietarios pudieran ver los barcos llegar. Los pomos de las puertas están hechos con grandes llaves de hierro.

5 Capela de Santo António da Mouraria, Funchal

PLANO P3 ■ Rua da Alfândega

Esta diminuta capilla destaca por su altar ornamentado con tallas doradas de principios del siglo XVIII.

6 Igreja Inglesa, Funchal

PLANO P2 ■ Rua do Quebra Costas

La iglesia Inglesa (1822) es un edificio neoclásico con cúpula, ubicado en un delicioso jardín. Su construcción se financió por cuestación popular, en la que participaron Nelson, Jorge II y el duque de Wellington.

7 Câmara municipal, Funchal

PLANO P3 ■ Praça do Município ■ 291 705 060 ■ Patio: 9.00-17.30 lu-vi ■ Se cobra entrada (menores de 6 años gratis)

El ayuntamiento de Madeira, de principios del siglo XIX, perteneció en su origen al conde de Carvalhal *(ver p. 32)*. En el patio interior sobresalen unos elegantes balcones y la estatua de *Leda y el cisne,* traída aquí en 1937, cuando se construyó el mercado *(ver p. 24)*.

Câmara municipal en Funchal

Banco de Portugal, Funchal

⑧ Banco de Portugal, Funchal

PLANO P3 ▪ Avenida Zarco

Este edificio de 1940 es otro ejemplo de arquitectura tradicional, con un torreón coronado por una esfera, estatuas griegas y cestas llenas de fruta que simbolizan riqueza. Al otro lado de la calle se encuentra el monumento a Zarco (1927), obra de Francisco Franco que muestra al fundador de Funchal mirando hacia el mar.

⑨ Alfândega, Funchal

PLANO P3 ▪ Avenida do Mar
▪ 291 210 500 ▪ Cita previa

La Aduana, diseñada en 1508 por Pero Anes (arquitecto de la catedral), se construyó para recaudar los impuestos exigidos por la Corona portuguesa sobre las exportaciones de madera, maíz y azúcar de Madeira. En la actualidad alberga la Asamblea Regional y cuenta con tres espléndidas salas en la planta superior.

⑩ Oficinas administrativas, Universidad de Madeira, Funchal

PLANO P3 ▪ Rua dos Ferreiros

Los edificios del siglo XVII de este antiguo colegio jesuita se han restaurado como oficinas administrativas de la Universidad de Madeira. Desde el patio interior, se puede observar la torre de la Igreja do Colégio *(ver p. 46)*.

TOP 10: CONSTRUCCIONES DE FUNCHAL

1 Estación del teleférico
Este edificio público de Funchal, en la Rua Dom Carlos, es un cubo futurista.

2 Nueva Câmara de Comércio
Se encuentra en un edificio del siglo XV, cerca de la Rua dos Aranhas.

3 Patio
El patio interior de este edificio de mediados del siglo XIX (Rua da Carreira 43) acoge una majestuosa escalera doble que lleva al Museu Vicentes.

4 Rua da Carreira
Es la calle de los llamativos balcones de hierro; destacan los de los números 77 al 91 y el 155.

5 Rua da Mouraria
El barrio de los anticuarios alberga casas aristocráticas, incluida la del Museu Municipal y la del Acuario *(ver p. 49)*.

6 Universo de Memórias
En el patio oculto de esta villa del siglo XIX *(ver p. 76)* rodeada de glicinias en flor, se puede tomar un té y ver el mundo pasar.

7 Quintas
En la parte alta de Funchal abundan las mansiones ornamentadas con jardines, como la Quinta Palmeira.

8 Casino
El casino, en la Avenida do Infante, resulta hermoso con la iluminación nocturna.

9 Apartamentos Navio Azul
Este bloque curvo que recuerda a un transatlántico, de la década de 1970, se alza junto a la Estrada Monumental.

10 Restaurante Ritz
La antigua Câmara de Comércio y hoy restaurante de lujo, en la Avenida Arriaga, está llena de pinturas sobre azulejos.

Restaurante Ritz, Funchal

TOP 10 Iglesias

Glorioso interior de la Igreja do Colégio, Funchal, lleno de coloridos frescos

1 Igreja do Colégio, Funchal

PLANO P3 ■ **Praça do Município**

Los jesuitas, gran hermandad de misioneros, fueron dueños de extensas fincas vinícolas en Madeira y destinaron parte de sus fondos a la construcción de esta preciosa iglesia, cubierta del suelo al techo con frescos, esculturas doradas y azulejos poco comunes. La escuela jesuita que construyeron al lado acoge hoy la Universidad de Madeira.

2 Igreja de São Pedro, Funchal

PLANO N2 ■ **Rua de São Pedro**

Principal iglesia de la isla hasta que se construyó la catedral. Destaca por las tallas de madera doradas, algunas del siglo XVII. La mazorca y las uvas que recogen los ángeles simbolizan el pan y el vino de Cristo en la Última Cena. Una sencilla losa cubre la tumba de João de Moura Rolim (m. 1661), que sufragó la ornamentación.

3 São Salvador, Santa Cruz

MAPA K5 ■ **Rua do Irmã Wilson**

Esta iglesia parroquial gótica se completó en 1512, año en el que se emplazó en la nave norte la tumba del mercader Micer João, sostenida por leones agazapados. Al lado se encuentra la capilla de la familia Morais (1522). El altar incorpora la serie de pinturas sobre la vida de Cristo, obra de Gregório Lopes (siglo XVI). En la sacristía, a la que se accede por un pórtico manuelino, cuelga *La Última Cena*, una tabla tallada del siglo XVI.

4 Catedral de Funchal (Sé)

La catedral de Funchal, del siglo XV, es una curiosa mezcla de los estilos portugués, español, italiano y flamenco. Marca el patrón para las demás iglesias de la isla con su hermosa *talha dourada* (talla dorada), que se puede observar en la capilla del Santo Sacramento, a la derecha del altar Mayor (ver pp. 12-13).

Estatua, catedral de Funchal

5 Igreja da Nossa Senhora do Conceição, Machico

MAPA K4 ■ **Largo Dr. António Jardim d'Oliveira**

Esta iglesia, diseñada probablemente por Pero Anes (arquitecto de la catedral de Funchal), data de 1499 y es célebre por su pórtico sur: los pilares de mármol blanco se trajeron de Sevilla y fueron un regalo del rey Manuel I (1495-1521), igual que la estatua de la Virgen situada en el tabernáculo, que culmina el elaborado altar Mayor dorado. En su tesoro se conservan valiosos objetos religiosos.

6 Capela dos Milagres, Machico

MAPA K4 ■ **Largo Senhor dos Milagres**

La capilla de los Milagros toma su nombre del crucifijo flamenco del siglo XV del altar Mayor. Fue encontrado flotando milagrosamente en el mar, años después de que la vieja capilla fuera arrastrada por una inundación en 1803. Se dice que la capilla original se construyó sobre la tumba de Anne d'Arfet y Robert Machin, los legendarios amantes náufragos del siglo XIV.

7 Santa Clara, Funchal

Fundado en 1476 por João Gonçalves de Câmara, hijo de Zarco (ver p. 19), este convento ha cambiado poco desde entonces (ver pp. 20-21).

8 Senhora da Luz, Ponta do Sol

MAPA D5 ■ **Rua Dr. João Augusto Teixeira**

Fundada en 1486 por Rodrigo Anes, uno de los primeros hombres a los que el rey de Portugal concedió tierras en Madeira, esta iglesia posee un original alfarje, un retablo flamenco del siglo XVI y una singular pila bautismal de cerámica, barnizada con óxido de cobre verde para imitar al bronce.

9 São Bento, Ribeira Brava

MAPA D5 Rua Camacho 20

Un león y un basilisco se hallan entre las esculturas de los capiteles, la pila bautismal y el púlpito de esta iglesia parroquial gótica. Destacan también el *Nacimiento* flamenco del siglo XVI en cuyos paneles aparecen São Bento y São Bernardo y la estatua de la Virgen.

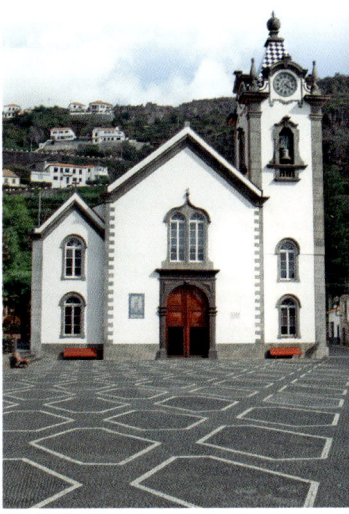

Iglesia de São Bento, Ribeira Brava

10 Capela do Loreto, Loreto

MAPA C4 ■ **Rua Arco da Calheta**

Iglesia histórica del siglo XVI, con alfarje y pórticos góticos de mármol blanco de importación. El altar se remodeló en el siglo XVIII.

TOP10 Museos

Museu Henrique e Francisco Franco

① Museu Henrique e Francisco Franco, Funchal

PLANO N4 ■ Rua João de Deus 13
■ 291 211 090 ■ Horario: 9.00-17.00 lu-vi

Los hermanos Franco, el escultor Francisco (1855-1955) y el pintor Henrique (1883-1961), salieron de Madeira para buscar la fama en Lisboa y París. Este museo celebra sus logros artísticos.

② Museu da Quinta das Cruzes, Funchal

Es la casa donde residió el primer gobernador de Madeira, el capitán Zarco, cuando la isla era la última incorporación a las colonias de ultra-

Casa Museu Frederico de Freitas

mar de Portugal a principios del siglo XV. Pinturas y dibujos de los lugares más conocidos de Madeira cuelgan de las paredes de las habitaciones de la *quinta (ver pp. 18-19)*.

③ Museu CR7, Funchal

PLANO Q2 ■ Avenida Sá Carneiro-Praça do Mar 27 ■ 291 639 880 ■ Horario: 10.00-17.00 lu-vi ■ Se cobra entrada ■ www.museucr7.com

Una visita obligada para los amantes del fútbol y aún más para los fans de Cristiano Ronaldo y su camiseta con el 7 a la espalda. El museo *(ver p. 59)* muestra trofeos y medallas logrados por el internacional portugués, nacido en la isla.

④ Museu de Arte Sacra, Funchal

Este museo de arte religioso es conocido por sus pinturas flamencas del siglo XVI, pero también alberga notables esculturas policromas de madera *(ver pp. 14-15)*.

⑤ Casa Museu Frederico de Freitas, Funchal

PLANO N2 ■ Calçada de Santa Clara 7 ■ 291 202 570 ■ Horario: 10.00-17.30 ma-sá ■ Se cobra entrada

Llena de antigüedades y pinturas religiosas, este museo cuenta además con una colección de teteras. Una ala dedicada a los azulejos contiene ejemplos de iglesias ya desaparecidas.

6 **Museu a Cidade do Açúcar, Funchal**
PLANO P3 ▪ Praça Colombo 5 ▪ 291 211 037 ▪ Horario: 9.00-17.30 lu-vi
La historia de Funchal contada a través de su industria azucarera.

7 **Núcleo Museológico do Bordado**
PLANO N4 ▪ Rua do Visconde do Anadia 44 ▪ 291 211 600 ▪ Cerrado por reformas ▪ www.bordadoma deira.com
Se exponen delicados bordados de mediados del siglo XIX hasta la década de 1930 junto a muebles raros.

Ballena azul en Museu da Baleia

8 **Museu da Baleia, Caniçal**
MAPA L4 ▪ Rua da Pedra d'Eira ▪ 291 961 858 ▪ Horario: 10.00-18.00 ma-do ▪ Se cobra entrada ▪ www. museudabaleia.org
Este museo muestra al visitante la evolución de delfines y ballenas en sus salas en 3D e interactivas. La muestra incluye un barco ballenero.

9 **Madeira Story Centre, Funchal**
Excelente museo interactivo que cubre todos los aspectos de la historia de las islas (ver p. 23). Hay un restaurante en la azotea y una tienda de artesanía.

10 **Museu de Fotografia da Madeira, Funchal**
MAPA P2 ▪ Rua da Carreira 43 ▪ 291 145 325 ▪ Horario: 10.00-13.00 y 14.00-17.00 ma-sá ▪ Se cobra entrada
Además de estar dedicado al portugués Vicente Gomes da Silva, pionero de la fotografía, el museo sirve de referencia visual de la Madeira de los últimos 150 años.

TOP 10: OBJETOS EXPUESTOS

Esculturas, palacio de Monte

1 Figuras de madera
Curiosas esculturas tribales de Zimbabue de las décadas de 1950 y 1960 se exhiben en el museo del jardín tropical del palacio de Monte (ver p. 34).

2 Trofeos futbolísticos
Los trofeos logrados por Cristiano Ronaldo, ente ellos la Bota de Oro y el Balón de Oro, deslumbran desde las vitrinas del Museu CR7.

3 Miniatura india
Exquisita miniatura del Museu da Quinta das Cruzes (ver pp. 18-19) en la que la Virgen aparece representada como una princesa mogol.

4 Cruz procesional
Exquisito trabajo de platería renacentista, con los Evangelistas y escenas bíblicas en relieve, en el Museu de Arte Sacra (ver p. 35).

5 Escudo de la ciudad
Extraño ejemplo de 1584 que muestra elementos de la iconografía de la caña de azúcar (Museu a Cidade do Açúcar).

6 Morenas
Se las puede ver en el Museu Municipal e Aquário.

7 Jardín invernal
Invernadero de cristal art nouveau lleno de helechos en la Casa Museu Frederico de Freitas.

8 Niño con gallito
Este retrato de un niño campesino es uno de los mejores de Henrique Franco (Museu Henrique y Francisco Franco).

9 Retratos de Colón
Pinturas y dibujos de Cristóbal Colón (1451-1506) cubren los muros de la Casa Museu Cristóvão Colombo (ver p. 102).

10 Huesos de ballena
Tallas y grabados en huesos de ballena de los tiempos en que su caza no era ilegal se exhiben en el Museu da Baleia.

TOP10 Jardines

1 Jardín tropical del palacio de Monte

Este fascinante jardín botánico *(ver p. 34)* posee grutas, fuentes, diversos estanques con peces, templos japoneses, esculturas, pinturas sobre azulejos y un museo.

Estatua en el jardín tropical del palacio de Monte

2 Parque de Santa Catarina, Funchal

PLANO Q2 ■ Avenida do Infante

Este parque escalonado, entre el centro de Funchal y la zona hotelera *(ver p. 75)*, ofrece fantásticas vistas del puerto. El gran lago central es hogar de cisnes y patos y hay también un parque infantil. Además de la Capela de Santa Catarina *(ver p. 44)*, destaca el artilugio en otro tiempo usado como prensa de uva y apisonadora.

3 Quinta das Cruzes, Funchal

Los terrenos llenos de flores de esta exposición al aire libre *(ver p. 18)* albergan losas funerarias, una capilla privada, un jardín de orquídeas y una *casinha de prazer* (templete) situada sobre los muros para aprovechar las hermosas vistas *(ver pp. 18-19)*.

4 Parque Florestal do Ribeiro Frio

MAPA H4 ■ São Roque do Faial ■ 291 575 434

El parque comprende una extensa área de bosques de laurisilva protegidos por la Unesco. Los excursionistas encontrarán fantásticos senderos de montaña como la Levada do Furado *(ver p. 55)*. También hay una granja de truchas en el pueblo y un restaurante *(ver p. 83)*.

5 Parque Ecológico do Funchal

MAPA H4 ■ Estrada Regional 103

Este gran parque nacional se encuentra a unos 12 km al norte de Funchal. Varios senderos lo atraviesan, incluido un tramo circular de 18 km que comienza en Chão da Lagoa, en Monte. Cerca de la entrada al parque hay un acogedor bar, O Barracão, y una serie de cabañas de madera donde se puede pernoctar previo pago. Los visitantes también pueden solicitar un permiso de acampada en el centro de recepción.

6 Jardim Botânico, Funchal

Este extraordinario jardín es un muestrario de la variada flora de Madeira *(ver pp. 26-29)*.

Exhibición de flores, Jardim Botânico

7 Jardins Quinta da Boa Vista

Visite este complejo de jardines subtropicales entre diciembre y mayo para contemplar la colección de orquídeas. El resto de la propiedad está dedicada a recrear los hábitats de especies de plantas en peligro *(ver p. 64)*.

8 Quinta Vigia, Funchal

PLANO Q1■ Avenida do Infante

Los cuidados jardines de la residencia del presidente de Madeira, se pueden visitar los días laborables, excepto durante actos oficiales.

Fuente en Quinta Vigia, Funchal

9 Quinta do Palheiro Ferreiro

Situada en un lugar increíble por encima de Funchal, en su jardín las plantas subtropicales se combinan de manera inusual e imaginativa, con un estilo de clara influencia inglesa *(ver pp. 32-33)*.

10 Jardim Municipal, Funchal

PLANO P2 ■ Avenida Arriaga

San Francisco, patrón del medioambiente, daría su aprobación a este jardín construido en el centro de la ciudad, en el terreno de un monasterio franciscano ya desaparecido. Rebosante de flores a la sombra de grandes árboles, como en una selva, también cuenta con un quiosco para tomar algo.

TOP 10: PLANTAS Y FLORES

Hermosas proteas rey

1 Protea rey o gigante
Esta planta del sur de África, que parece una alcachofa gigante, se emplea mucho en arreglos florales.

2 Orquídea
Esta flor, que suele florecer durante los meses de invierno, prefiere los lugares sombríos.

3 Flor de pascua mexicana
Esta planta florece antes de Navidad, aunque la parte vistosa, de color rojo, es en realidad una bráctea y no una flor.

4 Aloe
Planta de hojas carnosas con espinas, cuyas espigas florales pueden superar un metro de altura. Con la savia se elaboran productos dermatológicos.

5 Agapanto
Las flores azules del también llamado lirio del Nilo crecen durante el verano en los bordes de las carreteras de Madeira.

6 Estrilicia
También es conocida como ave del paraíso debido al aspecto de sus duraderas flores.

7 Floripondio
Blancas, amarillas o ámbar, las largas trompetas del floripondio huelen bien.

8 Cala
Esta fragante flor de un blanco puro es el símbolo de la Virgen María, así como de la virginidad en general.

9 Árbol de fuego
Coronado por crestas naranjas y rojas, este árbol procede de las semillas traídas a la isla por el capitán Cook en 1772.

10 Jacarandá
La Avenida Arriaga de Funchal se convierte en un río azul en primavera, cuando florece este llamativo árbol brasileño.

TOP 10 Playas

Espléndida playa de arena dorada en Porto Santo

1 Porto Santo
MAPA L2

Para disfrutar de la arena dorada de Porto Santo *(ver p. 102)* hay que dirigirse 40 km hacia el noreste. Una de las dos zonas con bandera azul, Fontinha, dispone de rampas de acceso para sillas de ruedas y servicios.

2 Calheta
MAPA B4

Playa artificial con arena dorada especialmente traída de Marruecos protegida por dos espigones y muy popular en verano. Hay instalaciones para practicar deportes acuáticos: una gran plataforma para canoístas y windsurfistas.

3 Prainha
MAPA L4

Esta bonita y pequeña bahía, con un café en su extremo oriental, alberga una de las playas de arena natural de Madeira.

Playa de arena de Prainha

4 São Tiago
PLANO Q6

Pequeña playa de guijarros situada junto a la fortaleza de São Tiago *(ver p. 22)* que es muy popular entre los residentes. En el paseo que va junto a los muros de la fortaleza hay más lugares donde tomar el sol. Las formaciones rocosas naturales aumentan el encanto de esta playa con aguas cálidas poco profundas. Hay duchas de agua dulce.

5 Praia Formosa
MAPA G6

La abrupta costa de Madeira no cuenta con muchas playas adecuadas para el baño: los acantilados y las orillas rocosas son la norma. Pero Praia Formosa es una franja de redondeados guijarros grises situada entre Funchal y Câmara de Lobos. Hay instalaciones para cambiarse, salvavidas y un parque infantil.

6 Machico
MAPA K4

Ubicada cerca de una playa de piedras de basalto, esta ciudad cuenta con una zona de baño artificial con arena del oeste del Sáhara. Conocida como Banda d'Além, es de 125 m y 70 m de longitud. Es muy popular entre los habitantes y atrae un turismo de calidad, sobre todo, en fin de semana.

7

Ponta do Sol
MAPA D5

Esta playa es el lugar perfecto para ver ponerse el sol. Espectaculares nubes flotan como islas en un cielo rosa y púrpura.

 8

Garajau y Caniço
MAPA J6

Un sendero que parte de la estatua del Cristo Redentor en Garajau serpentea hasta una playa muy popular entre los aficionados al buceo. La playa marca el límite de una reserva marina con cuevas submarinas que llegan hasta Caniço de Baixo *(ver p. 57)*.

 9

Praia dos Reis Magos
MAPA J6

Si se avanza en dirección este desde Caniço de Baixo, un nuevo paseo marítimo conduce a la Praia dos Reis Magos, una playa rocosa con cabañas de pescadores y un par de cafés que sirven pescado a la parrilla. Lugar idílico para románticos que prefieren alejarse de las multitudes.

Playa y piscinas de rocas, São Jorge

 10

São Jorge
MAPA H2

Unos 2 km al este de São Jorge, una señal de São Jorge conduce al estuario del río São Jorge, donde se puede nadar en una piscina natural o en el mar (se accede desde una pequeña playa de guijarros). Hay un café muy sencillo.

TOP 10: PISCINAS NATURALES Y BALNEARIOS

Piscinas naturales, Porto Moniz

1 Porto Moniz
▪ MAPA C1 ▪ Se cobra entrada
Piscinas naturales famosas en toda la isla. Taquillas y bar en verano.

2 Reid's Palace
▪ MAPA G6 ▪ Se cobra entrada
Tres piscinas de lujo, sombreadas por palmeras en un jardín *(ver p. 115)*.

3 Ponta Delgada
▪ MAPA C1▪ Se cobra entrada
Dos piscinas de agua de mar con duchas y otras instalaciones.

4 Ponta Gorda
▪ MAPA G6 ▪ Se cobra entrada
Los niños pueden jugar en las piscinas de aventuras mientras los adultos toman el sol.

5 Porto da Cruz
▪ MAPA J3 ▪ Se cobra entrada
Hay tumbonas y sombrillas en torno a dos piscinas en la rocosa costa.

6 Seixal
▪ MAPA D2
Cerca de la playa Laje, tiene piscinas naturales en un paisaje increíble.

7 Ribeira Brava
▪ MAPA D5
Playa de guijarros y arena negra con una piscina que tiene vestuarios, baños y un restaurante.

8 Barreirinha
▪ PLANO Q5 ▪ Se cobra entrada
Piscina y solárium cerca de la playa de São Tiago, con taquillas, baños y bar.

9 Calhau de São Jorge
▪ MAPA H2 ▪ Se cobra entrada
Situada cerca de Santana, este complejo ofrece piscinas seguras cerca de un mar que a menudo está embravecido.

10 Doca do Cavacas
▪ MAPA G6 ▪ Se cobra entrada
Piscinas volcánicas naturales rodeadas de rocas esculpidas desde donde ver mar abierto. Se accede desde el paseo marítimo del Lido en Funchal.

ᵀᴼᴾ10 Paseos y senderismo en *levadas*

Acantilados de Ponta de São Lourenço

① Ponta de São Lourenço
MAPA M4 ▪ Ruta PR8

En la península más oriental de la isla, Ponta de São Lourenço *(ver p. 94)* ofrece un vigorizante paseo costero de ida y vuelta por un paisaje ondulante y, a menudo, vertiginoso. El sendero, que comienza en el aparcamiento de Baía d'Abra, llega hasta el lugar más extremo de la península donde se encuentran unas increíbles vistas del Atlántico. Hay poca sombra y fuertes rachas de viento.

② Pico do Arieiro-Pico Ruivo
MAPA G4 ▪ Ruta PR1

Esta excursión conecta el tercer pico más alto de Madeira, Pico do Arieiro *(ver pp. 38-39)*, con el pico más alto, Pico Ruivo. También se puede subir el Pico das Torres, el segundo más alto. Lleve ropa de abrigo, mucha agua y una linterna para los túneles. Se recomienda ir acompañado por un guía.

En el Pico do Arieiro

③ Vereda do Fanal
MAPA C2 ▪ Ruta PR13

Esta ruta comienza sobre la carretera ER209 en la meseta de Paul da Serra. Recorre el bosque de laurisilva primigenio *(ver p. 29)* y cruza Fanal, un espectacular cráter volcánico dentro del Parque Natural de Madeira. Los senderistas deben ser precavidos porque suelen surgir manchas de niebla que dificultan la orientación.

④ Prazeres-Paul do Mar
MAPA B3 ▪ Ruta PR19

Paseo vigorizante que comienza en Prazeres *(ver p. 90)*. El camino baja en espiral hasta el mar y bordea una hermosa cascada, con vistas panorámicas del suroeste de Madeira.

⑤ Santana-São Jorge-Vigia
MAPA H2

Desde Santana sale una ruta, que en algunos tramos se vuelve empinada, que serpentea por encima de un mar agitado. La senda pasa por Quinta do Furão *(ver p. 85)* y bordea un estrecho camino antes de descender a São Jorge. Desde aquí se sigue por un paseo hasta el faro que corona Vigia.

⑥ Levada do Moinho
MAPA A2 ▪ Ruta PR7

El paseo comienza sobre la ER101 en Ribeira da Cruz, al sur de Ponta do Pargo *(ver p. 88)*. Toma su nombre de los *moinhos* (molinos) a los que daba acceso, cuyas ruinas aún se ven. La ruta termina en Junqueira, cerca de Ponto Moniz *(ver p. 88)*.

⑦ Boca da Corrida-Encumeada

MAPA G4 ■ **Ruta PR12**

Llamado Caminho Real da Encumeda, este sendero cruza parte del macizo central de Madeira y discurre a lo largo de las faldas de algunos de los picos más altos de la isla. El recorrido comienza en Boca da Corrida, y más abajo está Curral das Freiras *(ver pp. 36-37)*.

⑧ Rabaçal-Levada do Risco-Levada das 25 Fontes

MAPA C3 ■ **Ruta PR6**

Una cascada que cae cerca de Rabaçal *(ver p. 87)* marca el inicio de este paseo por una *levada*. Tenga cuidado en Ribeira Grande.

Senderismo en Caldeirão Verde

⑨ Queimadas-Levada do Caldeirão Verde-Santana

MAPA H3 ■ **Ruta PR9**

El camino serpentea paralelo a esta pintoresca *levada* hasta la verde Queimadas. También incluye espectaculares barrancos, cascadas y cuatro túneles cubiertos de musgo.

⑩ Levada do Furado

MAPA H4 ■ **Ruta PR10**

Es una de las *levadas* más antiguas y comienza en Ribeiro Frio *(ver p. 83)*, 860 m sobre el nivel del mar. Es una corriente de agua que se desliza a través de senderos en la roca y desciende hasta el pueblo de Portela.

TOP 10: MIRADORES EN LA COSTA Y LA MONTAÑA

1 Pico do Arieiro
MAPA G4
Se puede llegar por carretera a la cima del tercer pico más alto de la isla.

2 Cabo Girão
MAPA E5
Vertiginosa vista de uno de los acantilados más altos de Europa sobre un suelo de vidrio.

3 Morro do Furado
MAPA M4
En un día despejado desde este mirador al final de Ponta de São Lourenço se puede ver la isla de Porto Santo.

4 Boca da Corrida
MAPA F4
Aquí se encuentran vistas de las montañas que incluyen el Curral das Freiras

5 Portela
MAPA J4
Vista panorámica de Miradouro da Portela hasta Penha de Águia *(ver p. 83)*.

6 Balcões
MAPA H4
Los excursionistas disfrutan de las vistas de la Ribeira da Valle de Metade *(ver p. 83)*.

7 Cabañas
MAPA G2
Entre São Jorge *(ver p. 84)* y Arco de São Jorge se puede recorrer la mayor parte de la costa norte.

8 Bica da Cana
MAPA E3
Desde este lugar se pueden disfrutar de la vista de las altas montañas.

9 Rabaçal
MAPA C3
Vaya al Pico da Urze, en Paul da Serra, para ver el valle y los bosques de laurisilva.

10 Eira do Serrado
MAPA F4
Este sendero comienza en el hotel Eira do Serrado *(ver p. 116)*.

Mirador de Eira do Serrado

TOP 10 Actividades al aire libre

① Observación de aves
Madeira Wind Birds: MAPA H5; 917 777 441; www.madeirawindbirds. com (para salidas)

El archipiélago de Madeira ofrece excelentes oportunidades para observar aves. La isla acoge a 42 especios que se reproducen aquí, tres de ellas endémicas: el petrel de Madeira, su paloma torcaz y el reyezuelo listado. Abundan las aves marinas.

② Windsurf
Mar Dourado: MAPA L2; 963 970 789 ■ On Water Academy: MAPA L2; 964 838 535

Las aguas poco profundas y cristalinas de la playa de Porto Santo *(ver p. 102)* son ideales para practicar windsurf. Mar Dourado y la On Water Academy ofrecen clases de windsurf en la costa. Se puede alquilar el equipo. Mar Dourado también oferta otros deportes acuáticos *(ver p. 104)*.

③ Ciclismo de montaña
Free Ride: MAPA G6; 925 977 046; www.freeridemadeira.com

Windsurf en el puerto de Funchal

Practicando bicicleta de montaña

El terreno accidentado de la isla ofrece pistas retadoras, por no mencionar las pendientes que desafían la gravedad. Una opción más asequible es recorrer una *levada (ver pp. 54-55)*. Hay excursiones organizadas y alquiler de bicicletas.

④ Equitación
Quinta do Riacho: MAPA J4; 967 010 015 ■ Centro Hípico do Porto Santo: MAPA K2; 925 643 123

Algunas empresas organizan actividades a caballo, como clases y excursiones a lo largo de las montañas y pistas forestales. Porto Santo cuenta con una oferta similar *(ver p. 104)*.

⑤ Deportes de aventura
True Spirit Madeira: MAPA G6; 918 828 801 708 990; www. adventuremadeira.com ■ Lokoloko: MAPA J6; 969 570 780; www. lokolokomadeira.com

El desafiante y escarpado terreno de Madeira se presta a una amplia variedad de actividades de aventura, que van desde el senderismo y la escalada en roca hasta el ala delta. Empresas como True Spirit y Lokoloko organizan salidas.

⑥ Senderismo
Con más de 1.600 km de senderos, no es de extrañar que miles de personas visiten la isla únicamente para recorrer andando sus montañas y bosques *(ver p. 50)*.

(7) Travesías en barco
VMT Madeira: PLANO Q3; Marina Funchal; 963 796 860 ■ **Bonita da Madeira: PLANO Q3; Marina Funchal; 291 762 218**

Los puestos instalados en el puerto de Funchal ofrecen información sobre las travesías disponibles; desde viajes de un día a las Ilhas Desertas *(ver p. 95)* hasta paseos cortos alrededor de la isla para ver la puesta de sol.

(8) Pesca de altura
Balancal: PLANO Q3; Marina Funchal; 291 231 063 ■ **Balancal: PLANO Q3; Marina Funchal; 291 790 350** ■ **Nautisantos: PLANO Q3; Marina Funchal; 291 231 312**

Las excursiones de pesca se pueden contratar en el puerto. Se sigue la norma de devolver los peces al mar.

(9) Golf
Clube de Golfe de Santo da Serra: MAPA K4; 291 550 100 ■ **Palheiro Golf: MAPA J5; Sítio do Balancal, São Gonçalo; 291 790 120**

Dos de los campos más pintorescos de Europa están Madeira: Santo da Serra y Palheiro Ferreira.

Buzo junto a un banco de peces

(10) Buceo
Manta Diving Center: MAPA J6; Hotel Galomar, Caniço de Baixo; 291 935 588 ■ **Madeira Divepoint: MAPA H6; Pestana Carlton Madeira Hotel, Largo António Nobre, Funchal; 291 239 579**

La pureza de las aguas del Atlántico, la buena visibilidad y la gran variedad de peces y arrecifes hacen de Madeira un destino popular entre los submarinistas.

TOP 10: ESPECIES MÁS COMUNES

Petirrojo

1 Petirrojo
El petirrojo de la isla tiene el pecho y el rostro anaranjados como su pariente continental.

2 Murciélago de Madeira
Endémico de Madeira, Azores y las Canarias, es una especie muy amenazada.

3 Lavandera cascadeña
De pecho amarillo, no suele alejarse del agua, de ahí su nombre.

4 Petrel de Madeira
Es una de las aves marinas más amenazadas de Europa y solo cría en Madeira.

5 Paloma torcaz
Esta tímida especie endémica de la isla hace su nido en los densos bosques de laurisilva *(ver p. 29)*.

6 Reyezuelo listado
Este pequeño pájaro, de cresta amarilla o anaranjada, es muy fácil de ver tanto en los bosques como en jardines.

7 Cangrejo de roca
Este cangrejo de color marrón oscuro acude a las rocas cuando baja la marea en busca de algas. Desaparece rápido si se siente amenazado.

8 Rana común
Introducida por el conde de Carvalhal, esta ruidosa rana con una brillante raya amarilla en el lomo se ha extendido a todos los estanques de la isla.

9 Mariposa monarca
Esta gran mariposa de alas naranjas, negras y blancas habita en los jardines de Madeira.

10 Lapas
Constituyen uno de los platos tradicionales de Madeira, pero su recolección está controlada para evitar su extinción.

TOP10 Madeira para niños

1 Grutas de São Vicente

MAPA E2 ▪ São Vicente, Sítio do Pé do Passo ▪ 291 842 404 ▪ Cerrado por reformas ▪ Se cobra entrada ▪ www.grutas ecentrodovulcanismosaovicente.com

Un recorrido, la simulación de una erupción y una proyección ilustran el origen volcánico de Madeira.

Cuevas volcánicas en São Vicente

2 Parque Temático da Madeira

MAPA H2 ▪ Estrada do Parque Temático 1, Fonte da Pedra, Santana ▪ 291 570 410 ▪ Horario: abr-oct: 10.00-19.00 ma-do; nov-mar: 9.00-18.00 ma-do ▪ Se cobra entrada ▪ www.parquetematico damadeira.pt

Ubicado alrededor de un lago navegable, el parque cuenta con una serie de pabellones dedicados al patrimonio y tradiciones de la isla. Hay un laberinto y una zona deportiva. Los más pequeños tienen su propio parque.

3 Parque Santa Catarina

Con unas vistas espectaculares sobre la bahía de Funchal, estos bellos jardines públicos *(ver p. 50)* disponen de un parque infantil y de un lago con palmeras, donde los pequeños pueden alimentar a cisnes y patos.

4 Avistamiento de delfines

PLANO Q3 ▪ Billetes en Marina Funchal ▪ Se cobra entrada ▪ www. marinadofunchal.pt

Es posible avistar delfines y ballenas en su hábitat. Esta actividad resulta más adecuada para niños mayores, ya que una paciente espera no siempre se ve recompensada.

5 Aquaparque

MAPA K5 ▪ Ribeira da Boavista, Santa Cruz ▪ 291 640 535 ▪ Horario: jun-sep: 10.00-18.00 todos los días (hasta 19.00 ago) ▪ Se cobra entrada ▪ www.aquamadeira.com

Este parque acuático cuenta con toboganes, rápidos y cascadas. La zona infantil cuenta con una piscina poco profunda y un río lento.

6 Santa Maria de Colombo

PLANO Q3 ▪ Billetes en Marina Funchal ▪ 291 220 327 ▪ Horario: 10.30-13.30 y 15.00-18.00 todos los días ▪ Se cobra entrada ▪ www. santamariadecolombo.com

Existe una gran variedad de travesías en barco *(ver p. 57)*. Los niños suelen preferir dar un paseo en una réplica de la Santa María, la nave de Colón en su primer viaje a América.

Navegando en la Santa María

Teleférico de Funchal a Monte

⑦ Teleférico de Monte

El teleférico atraviesa el valle de João Gomes (ver p. 34) y los menores de seis años pueden viajar gratis. En Monte se puede visitar el jardín tropical del palacio (ver p. 34).

⑧ Museu CR7

Los jóvenes admiradores de Cristiano Ronaldo pueden visitar este museo dedicado a uno de los mejores jugadores de fútbol. Su estatua frente al museo (ver p. 48) es una excelente oportunidad para un selfi.

⑨ 3D Fun Art

MAPA P2 ▪ Rua do Surdo 24 ▪ 291 224 745 ▪ Horario: 10.00-18.00 todos los días ▪ Se cobra entrada ▪ www.3dfunartfunchal.com

¿Ser comido por un tiburón? ¿Caminar por una habitación dada la vuelta? Estas son solo algunas de las posibilidades en esta atracción para toda la familia, donde la magia de los efectos ópticos hace que todo sea posible.

⑩ Centro de Ciência Vivas

MAPA B1 ▪ Rotunda do Ilhéu Mole ▪ 291 854 274 ▪ Horario: 10.00-18.00 todos los días ▪ Cerrado 25 dic ▪ Se cobra entrada ▪ www.portomoniz.pt

Este centro atrae a las mentes jóvenes con exposiciones interactivas. Destaca su película en 3D, premiada por la Unesco, sobre el bosque de laurisilva (ver p. 29).

TOP 10: CONSEJOS PARA VIAJAR EN FAMILIA

1 Deportes acuáticos
Desde recorrer cuevas marinas en kayak hasta tomar clases de surf, la isla ofrece muchas actividades para familias.

2 Jardim Panorâmico
MAPA G6
Este jardín panorámico cuenta con pistas de pádel, minigolf y un parque infantil.

3 Navidad
Hay un gran despliegue de luces en Funchal y mercadillos navideños durante las fiestas.

4 Cines Lido
MAPA G6 ▪ 291 706 800
El Forum Madeira (ver p. 77) cuenta con múltiples cines. Las películas extranjeras, excepto las de animación, son subtituladas.

5 Lección de historia
Descubra la historia de la isla en el Madeira Story Centre (ver p. 23). Este centro alberga exposiciones interesantes para adultos y niños.

6 Zonas lúdicas
Los mejores parques de Funchal se encuentran en la Quinta Magnólia y el Jardim de Santa Catarina (ver p. 50).

7 Marina Funchal
PLANO Q3
En un paseo por el puerto se puede ver pescado, barcos y las pinturas de los marineros.

8 Paseo marítimo
Las familias suelen pasear por la Avenida do Mar. Hay puestos de comida.

9 Porto Santo
Esta isla sin tráfico es perfecta para dejar a los niños corretear o montar en bicicleta.

10 Porto Moniz
MAPA B1
Las piscinas naturales de Porto Moniz son ideales para bañarse en agua tibia cuando el mar no está agitado.

Piscinas rocosas en Porto Moniz

TOP10 Restaurantes

Elegante interior del restaurante Il Gallo d'Oro, con dos estrellas Michelin

1 Il Gallo d'Oro

La concepción y la técnica del chef Benoît Sinthon ha proporcionado dos estrellas Michelin a este exclusivo restaurante *gourmet*. Además de la carta, se puede optar por un menú de autor, una experiencia gastronómica llena de sabores locales y mediterráneos maridado con excelentes vinos. Es indispensable hacer reserva *(ver p. 79).*

2 William

El restaurante William, situado en el mundialmente famoso Reid's, tiene un elegante personal que sirve sus platos con una estrella Michelin. El código de vestimenta es informal pero elegante: los caballeros deben llevar chaqueta. Reserve con tiempo *(ver p. 79).*

3 Gavião Novo

Famoso por su excepcional pescado de la zona y su oferta de mariscos, ofrece cocina tradicional en el corazón de la Zona Velha. Los turistas y residentes acuden a este restaurante atraídos por platos como la *espetada* (brocheta de carne y pollo de corral) *(ver p. 79).*

4 Dona Amelia

Restaurante de larga tradición con buena reputación. Entre las sugerencias del chef se encuentran un exquisito *risotto* de marisco y un suculento *steak tartare*. En la carta de postres destacan las *crêpes flambés*. La carta de vinos ofrece caldos de la isla y del continente. También tiene una barra donde se sirven cócteles y aperitivos *(ver p. 79).*

5 Vila do Peixe

Magníficas vistas donde los comensales prueban los pescados y mariscos más sabrosos de esta parte de la isla. Es muy aconsejable el pescado traído de la lonja hecho a fuego lento a la parrilla sobre brasas. Elegante y sofisticado, este sitio es perfecto para salir en grupo, así que reserve con tiempo *(ver p. 85).*

6 La Perla

Esta encantadora casa solariega del siglo XIX, Quinta Splendida, alberga este restaurante de moda con varios premios gastronómicos. La Perla destaca por su menú de temporada con platos regionales y del sur de Europa *(ver p. 99).*

⑦ Abrigo do Pastor

La decoración rústica caracteriza a este evocador restaurante. La comida es rica y abundante. Siempre hay *javali* (jabalí) en el menú. También hay platos de conejo y carne de cabra. Los domingos sirven un extraordinario *cozida à Portuguesa*, un guiso de carne, patatas y verduras *(ver p. 99)*.

⑧ Tasca Literária Dona Joana Rabo-de-Peixe

Su peculiar decoración con fotografías de escritores locales y libros imprime carácter a este delicioso restaurante *(ver p. 79)*. Aquí fue donde nació el Proyecto "Arte de puertas abiertas" *(ver p. 22)*, entre pequeños platos de *petiscos (tapas)* y vino.

⑨ Cantinho da Serra

Si viene a comer a esta posada en la que se homenajea a la cocina tradicional portuguesa en invierno puede disfrutar de su crepitante chimenea de leña. La comida se sirve en vasijas de barro, que dan a la cocción un sabor rústico y auténtico *(ver p. 85)*.

⑩ Quinta do Furão

Este hotel restaurante, conocido por modernizar la gastronomía típica de Madeira, también ofrece un menú vegetariano. La carta de vinos está compuesta por vinos del país que maridan con la comida. Pida una mesa en la terraza que tiene vistas maravillosas *(ver p. 85)*.

Terraza de Quinta do Furão

TOP 10: PLATOS DE LA COCINA DE MADEIRA

Sopa de pescado con tomate

1 *Sopa de tomate e cebola*
Sopa de tomate y cebolla espolvoreada con un huevo duro y adornada con perejil picado.

2 *Sandes de vinha d'alhos*
Este bocadillo de carne de cerdo es un plato básico en Navidad. La carne se adoba en una salsa de vino y ajo, que le da su nombre.

3 *Espetada*
Carne de vacuno a la brasa con finas hierbas. A veces se sirve en unas brochetas que cuelgan de un soporte junto a la mesa.

4 *Milho frito*
Dados de harina de maíz fritos (como la polenta italiana) que se sirven tradicionalmente con la *espetada*, aunque ahora se suelen ofrecer con patatas fritas.

5 *Lapas*
Lapas cogidas de las rocas hechas a la parrilla con mantequilla y ajo.

6 *Bolo do caco*
Típico pan plano horneado en la parte alta del horno y se sirve solo, o con ajo y mantequilla de hierbas.

7 *Espada*
El sable negro es un suculento pescado blanco (normalmente sin espinas) que se prepara a la parrilla con plátano frito.

8 *Prego*
Panecillo relleno con un filete a la parrilla. El "prego especial" también lleva jamón y/o queso.

9 *Picado*
Trozos de carne fritos con ajo y pimiento rojo acompañados de patatas fritas.

10 *Sopa de trigo*
En invierno, muchos restaurantes sirven sopa de trigo y verduras. También se puede añadir manteca y carne de cerdo para darle una textura más rica.

Bodegas y venta de vino

(1) Bodega Blandy, Funchal

Situada en un antiguo monasterio del siglo XVII, esta bodega ofrece catas y visitas. Las visitas *vintage* ofrecen información en profundidad (*ver pp. 16-17*).

(2) Justino's, Santa Cruz

MAPA L4 ■ Parque Industrial da Cancela, Caniço ■ 291 934 257 ■ Cerrado sá y do ■ www.justinosmadeira.com

Inaugurada en 1870, Justino's es uno de los más antiguos productores de vino de Madeira. Sus modernas instalaciones albergan vinos premiados, incluidos las variedades de uva blanca de 10 años y los añejos. Las visitas solo previa cita; hay que reservar por teléfono.

(3) H M Borges, Funchal

PLANO N3 ■ Rua 31 de Janeiro ■ Cerrado sá y do ■ www.hmborges.com

Fundada en 1877, esta empresa familiar vende vinos de cosecha y de mezcla, además de vinos *vintage* de Frasqueira. Tiene una sala de catas del siglo XIX, donde se prueban los vinos.

(4) Pérola dos Vinhos

MAPA P3 ■ Rua da Alfândega 119 ■ 291 223 546 ■ Cerrado sá y do ■ https://peroladosvinhos.com

Esta pequeña tienda ofrece una amplia variedad de vinos de Portugal, incluyendo los de Madeira. Pregunte

Vino Blandy de Madeira

por el "Pérola Wine on-board", un paseo en barco combinado con una cata de vinos y *sushi* fresco.

(5) Loja dos Vinhos, Funchal

MAPA G6 ■ Estrada Monumental 314A ■ 291 761 508

Situada en el barrio de los hoteles, esta tienda vende reservas de los principales productores de Madeira, incluidas algunas raras botellas que se remontan al siglo XIX. Atiende pedidos por teléfono y reparte a hoteles.

(6) J Faria & Filhos, Funchal

MAPA G5 ■ Travessa do Tanque 85 ■ 291 742 935

Uno de los productores de la Ruta del Vino de Madeira que ha abierto sus puertas a los visitantes, J Faria & Filhos es conocido por su excelente Bual de 10 años. La empresa también produce ron.

(7) D'Oliveiras, Funchal

PLANO N3 ■ Rua dos Ferreiros 107 ■ 291 220 784

Situada en un bonito granero de madera y puerta de piedra tallada con el escudo de la ciudad y la fecha (1619), esta bodega ofrece vinos añejos a partir de 1850, así como vinos más jóvenes, miniaturas y cajas de regalo.

Acogedor interior de D'Oliveiras

⑧ Henriques & Henriques, Câmara de Lobos

MAPA F6 ▪ Avenida da Autonomia 10 ▪ 291 941 551 ▪ www.henriquese henriques.pt

Esta empresa, fundada en 1850, ha sido muy premiada por cambiar la adusta imagen del vino de Madeira y atraer a una clientela más joven. Para este fin, Henriques & Henriques ha introducido en el mercado botellas y etiquetas de diseño más moderno, sin perder la tradicional calidad del vino.

⑨ Vinhos Barbeito, Câmara de Lobos

MAPA F6 ▪ Estrada da Ribeira Gracia, Parque Empresarial de Câmara de Lobos ▪ 291 761 829 ▪ www. vinhosbarbeito.com

Esta bodega tiene vinos en barriles de roble americano. Hay vinos de 3, 5, 10 y 20 años y reservas.

Viñedos en la Quinta do Furão

⑩ Quinta do Furão, Santana

MAPA H2 ▪ Estada Quinta do Furão 6, Santana ▪ 291 570 100 ▪ www. quintadofurao.com

Este hotel, restaurante y tienda de vinos, propiedad de la Madeira Wine Company, se encuentra cerca de Santana (en el norte de la isla), rodeado por extensos viñedos. Los visitantes pueden pasear entre las vides y participar en la vendimia a finales de verano y principios de otoño. En la bodega se pueden degustar y comprar cuatro tipos de vinos de Madeira (ver p. 85).

TOP 10: TÉRMINOS DEL VINO

Botellas de vino de Madeira

1 Sercial
El más seco de los vinos tradicionales de Madeira. Excelente como aperitivo o con sopa.

2 Verdelho
Vino semiseco de tono tostado, bueno para tomar durante la comida.

3 Boal
Vino de tono nuez, ideal como postre o para acompañar quesos y dulces.

4 Malvasía
El más rico y dulce de los vinos de Madeira, adecuado para la sobremesa.

5 Seco, semiseco y semidulce
Estos vinos tienen tres años y proceden de uvas tinta negra mole. No tienen la profundidad de los genuinos vinos de Madeira.

6 *Estufagem*
Es el proceso de envejecimiento del vino en una estufa (local caliente). También se puede calentar en tanques, pero los resultados son inferiores.

7 *Canteiro*
Este término designa a los vinos madurados solo con el calor natural del sol. Es un proceso lento y natural.

8 Reserva
Reciben esta denominación los vinos elaborados mediante *estufagem* y con una media de cinco años. La mayoría se hace con uva *tinta negra mole*.

9 Reserva especial
Así se llaman los vinos envejecidos en barril unos 10 años. Normalmente están hechos con variedades nobles de la uva.

10 Vintage
Vino que ha envejecido un mínimo de 20 años en barril y un par de años en botella.

🔟 Tiendas especializadas

① Viveiro de Lojas
PLANO Q5 ■ **Largo do Corpo Santo 24 y 26** ■ 914 550 589 ■ **Horario: 10.00-18.00 lu-vi**

Incubadora de marcas locales, Viveiro de Lojas brinda la oportunidad de conocer a algunos de los creadores más recientes de la isla. Joyas, velas y otros objetos llenan las estanterías.

Interior de Baleia Vulcânica

② Baleia Vulcânica
PLANO Q2 ■ **Galerias São Lourenço Loja 10** ■ 937 637 194 ■ **Los horarios varían, llamar antes**

Ubicada en las Galerias São Lourenço (ver p. 77), esta tienda de concepto está especializada en artículos hechos a mano. Hay carteras de tela, bolsos de yute y pósteres de temática madeirense.

③ Art Center Caravel
Galería: PLANO P4; Rua D. Carlos I, 19A; 11.00-17.30 lu-vi ■ **Tienda de regalos: PLANO P4; Rua de Santa Maria 60; 10.00-18.30 lu-vi (hasta 15.00 sá)** ■ **www.artcaravel.com**

Esta galería local expone obras de artistas residentes de todo el mundo. En la calle adyacente hay una pequeña tienda que vende desde cuadros hasta cerámica. La cafetería sirve café y delicias veganas.

④ Bordal, Funchal
PLANO P4, Rua Dr. Fernão Ornelas 77 ■ 291 222 965 ■ **www.bordal.pt**

Fundada en 1962, Bordal está especializada en bordados hechos a mano, que incluyen pañuelos, ropa de bebé y quilts. Todos los jueves se organizan talleres de bordado para aprender los puntos tradicionales de Madeira. También se ofrecen kits para hacerlo uno mismo.

⑤ Patricio & Gouveia, Funchal
PLANO P4 ■ **Rua Visconde de Anadia 34** ■ 291 220 801

Antes de curiosear en esta tienda en busca de blusas, manteles o camisones con hermosos encajes antiguos, merece la pena visitar la fábrica de bordado para ver cómo se trasladan los diseños tradicionales de los patrones a las telas.

⑥ A Confeitaria, Funchal
PLANO Q1 ■ **Avenida do Infante, Edifício Quinta Vitória 28** ■ 291 621 325

Deliciosas pastas y pasteles, además de dulces tradicionales como el *bolo de mel* (pastel de miel) se venden en esta panadería, cuyo lema es "hornea el mundo para hacerlo mejor".

⑦ Fábrica Santo António, Funchal
PLANO P4 ■ **Travessa do Forno 27-29** ■ **www.fabricastoantonio.com**

Conocida tienda de Funchal (ver p. 77) donde comprar golosinas artesanales, galletas y mermeladas.

Delicias en la Fábrica Santo António

Bordado de encaje en Casa do Turista

⑧ Livraria Esperança, Funchal

Aunque no lea en portugués vale la pena visitar la Livraria Esperança. Situada en un viejo palacio, es la más grande de Portugal y tiene el encanto de lo antiguo. Hay libros de cualquier tema imaginable, desde novelas infantiles hasta manuales de cirugía cerebral *(ver p. 77)*.

⑨ Armazém do Mercado, Funchal

El "almacén del mercado" *(ver p. 23)* agrupa muchas tiendas que venden productos ideales para llevar de regalo o recuerdo, desde desde los grabados de la Galería Restock hasta la cerámica hecha a mano por las hermanas finlandesas de Lillie Ceramics.

⑩ Loja Jacarandá, Funchal

PLANO P3 ▪ **Rua da Sé** ▪ **291 231 235**
Muy cerca de la catedral *(ver p. 46)*, la fachada en azulejos negros de esta tienda llama la atención. Dentro se ofrecen artículos en corcho, como bolsos y zapatos. La tienda también tiene una seccion de alimentos de Madeira: jamones, pasteles de miel y vino, entre otros.

TOP 10: REGALOS

1 Gorros con borla
Los granjeros de Madeira visten gruesos jerséis y gorros de lana cruda sin teñir para protegerse durante los meses más fríos.

2 Tapices
Los tapices se confeccionaron en la isla desde la década de 1890 hasta 2017. Los interesados pueden adquirir el material necesario para introducirse en este arte.

3 Mimbre
Los artesanos del mimbre, establecidos en torno a Camacha, elaboran al menos 1.200 artículos diferentes.

4 Vino y licores
Además del famoso vino, en Madeira se produce *poncha*, una potente mezcla de ron, miel y limón.

5 Corcho
Los bolsos y zapatos de corcho son parte de la tradición artesana portuguesa.

6 Cerámica
Otra especialidad es la cerámica, gran parte de ella adornada con diseños árabes o en forma de hojas de col.

7 Pasteles
El *bolo de mel*, que antes se preparaba solo en Navidades, se puede degustar durante todo el año. Está hecho con azúcar de caña, nueces y frutas.

8 Flores
Unas coloridas y duraderas flores son el recuerdo perfecto de esta exuberante isla.

9 Chocolate artesano
Una caja de chocolate de trufas mezcladas con frutas de Madeira puede ser un delicioso regalo *(ver p. 24)*.

10 Bordados
El bordado madeirense fue creado en 1844 por Bella Phelps, hija de un empresario inglés afincado en Funchal, para dar trabajo durante una crisis en el comercio de vino.

Detalle de un bordado tradicional

TOP 10 Madeira gratis

Ruínas de São Jorge

① Ruínas de São Jorge

Cerca de Praia do Calhau, en São Jorge (ver p. 53), se encuentran los restos de un antiguo ingenio azucarero. La industria de la caña de azúcar en Madeira se remonta al siglo XV, y este fue uno de los primeros molinos de la isla. Entre las ruinas hay un arco de piedra muy bien conservado que ahora sirve de marco a las vistas del océano.

② Mercado dos Lavradores

Vaya temprano y explore en la planta baja los puestos de fruta y verdura. Puede que le ofrezcan una rebanada de mango o de chirimoya para probar. Después diríjase al sótano donde están los puestos de pescado. En la parte de arriba se encuentran los vinos y los licores. No es extraño que haya alguna degustación gratuita (ver pp. 24-25).

③ Parque Florestal das Queimadas

MAPA H3 ▪ Sitio das Queimadas, Santana ▪ Horario: todos los días

Las casas con techo de paja de este parque forestal parecen salidas de un cuento de hadas. Queimadas (ver p. 81), que pertenece al municipio de Santana, es el lugar ideal para dar un paseo por el bosque de laurisilva y punto de partida para ascender al Pico das Pedras. Parte de la ruta es accesible para personas en silla de ruedas.

④ Catedral de Funchal (Sé)

La fachada lisa de la catedral de Funchal contrasta con la extraordinaria riqueza de su interior, sus cuadros, esculturas y capillas llenas de dorados. Destaca su techo de artesonado, uno de los más ricos y elaborados de Portugal, que combina elementos árabes y europeos (ver pp. 12-13).

⑤ Visita guiada por la Igreja do Colégio

PLANO P3 ▪ Largo do Colégio ▪ 291 233 534 ▪ Horario: 10.00-16.00 todos los días

La fachada de esta iglesia jesuita del siglo XVII con sus ornamentos en basalto es maravillosa. El interior tiene frescos llenos de detalles, tallas con filigranas doradas y magníficas baldosas esmaltadas con el sello jesuita. Los visitantes pueden recorrer el interior gratis. Por un módico precio, también se puede subir a la torre de la iglesia para contemplar la plaza municipal de la ciudad.

⑥ Casas tradicionales de Santana

MAPA H2 ▪ Rua do Sacristão, Santana ▪ Horario: 10.00-18.00 todos los días

Estas casas triangulares (ver p. 82), con sus puertas rojas y sus ventanas cuadradas, son muy pequeñas y acogedoras. En Santana se han conservado y sus jardines, techos de paja y puertas pintadas se encuentran en perfecto estado. Ahora, en su interior hay tiendas de recuerdos.

Casas tradicionales de Santana

(7) Ruins de la fortaleza de São Filipe

MAPA P4 ■ Praça da Autonomia, Funchal ■ Cerrado por remodelación

La muralla en ruinas de este fuerte, construido en 1581, se puede ver entre la *ribeira* de Santa Luzia y la de João Gomes. Cerca se pueden ver cimientos de edificios anexos y los restos de una cisterna del siglo XVI.

(8) Fortaleza de São Tiago

El límite de la Zona Velha es la fortaleza de São Tiago. Construida para defenderse del ataque de los piratas, es un buen lugar para que los niños corran. Las vistas al Atlántico son espléndidas. Ideal para una excursión de un día.

(9) Capela do Corpo Santo

Esta sencilla capilla en la Zona Velha fue construida en el siglo XV, aunque lo que hoy se conserva en su mayor parte es del siglo XVI. Fue financiada por una organización benéfica que se encargaba de recaudar fondos para los pescadores de la zona y sus familias sin recursos *(ver pp. 22-23)*.

(10) Visita guiada al palácio de São Lourenço

Esta hermosa fortaleza-palacio data de 1513 y era la residencia de los gobernadores de la isla hasta 1834. Sus habitaciones están llenas de motivos decorativos portugueses y europeos. También se puede visitar una exposición sobre la historia de la fortaleza *(ver p. 76)*. El recorrido a pie es apto para personas de cualquier condición física.

Ferri de Porto Santo

1 Ferri de Porto Santo
www.portosantoline.pt
Visite la página web de Porto Santo Line para ofertas de billetes.

2 Restaurantes en Porto Santo
Varios restaurantes de la isla ofrecen una servicio de taxi gratuito de regreso a los hoteles *(ver p. 105)*.

3 Día Internacional de los Museos
El 18 de mayo es el Día Internacional de los Museos y en la mayoría la entrada es gratuita.

4 Autobús de enlace del aeropuerto
PLANO Q3 ■ www.sam.pt
El aerobús SAM une el aeropuerto y el centro de Funchal. Es más barato que el taxi y el billete de ida y vuelta permite ahorrar unos euros.

5 Guía gratis de la isla
Busque la guía gratuita *Best of Madeira* en hoteles y restaurantes de la isla: hay cupones con descuentos.

6 Entradas con descuento
Busque descuentos para familias, grupos, personas mayores de 65 años y para niños en las atracciones.

7 Billete combinado del teleférico
PLANO P5 ■ www.madeiracablecar.com
Compre el billete de ida y vuelta combinado para visitar Monte *(ver pp. 34-35)* y el Jardim Botánico *(ver pp. 26-27)*.

8 Tarjeta prepago Giro
www.horariosdofunchal.pt
Compre una tarjeta Giro recargable para utilizar el autobús *(ver pp. 108-109)*.

9 *Happy hour*
Tenga en cuenta que los horarios de "happy hour" se anuncian en bares y complejos hoteleros. Disfrute de lo ahorrado, pero beba y compórtese de manera responsable.

10 Todo incluido
Muchos hoteles ofrecen paquetes con todo incluido (entretenimiento, bebidas y comidas).

TOP 10 Festivales

1 Carnaval
Funchal ■ Feb-mar (47 días antes de Semana Santa)

Esta festividad se celebra durante dos semanas en torno al Martes de Carnaval. Escuelas, clubes juveniles y bandas musicales desfilan con sus disfraces por las calles de Funchal. El último día tiene lugar un pasacalles alegórico.

Glamurosos trajes de carnaval

2 Fiesta de las Flores
Funchal ■ Abr-may

Las carrozas retornan a las calles en abril-mayo para celebrar la primaveral fiesta de las Flores. Creada como reclamo turístico, esta fiesta ha arraigado entre los madeirenses, dando lugar a una apasionada competición entre los clubes locales para construir la mejor carroza.

Carroza de la Fiesta de las Flores

3 Festival do Atlântico
Funchal ■ Jun

Este evento se celebra durante el mes de junio e incluye espectáculos callejeros, conciertos y fuegos artificiales. Se alternan las actuaciones de estrellas internacionales con las de los músicos locales de la Orquestra Clássica da Madeira, la Orquestra de Mandolins y el Funchal Brass Ensemble.

4 Festival de jazz
Funchal ■ 1ª semana de jul

En el parque de Santa Catarina (ver p. 50), este prestigioso evento, durante tres días en la primera semana de julio, atrae a los principales nombres de la escena internacional del jazz, como Jean Luc Ponty y Kenny Garret. Entre los músicos figuran artistas de Madeira y de Portugal. Asimismo se organizan *jam sessions* en todo Funchal como complemento a la programación principal.

5 Nossa Senhora do Monte
Monte, Funchal ■ 15 ago

Los días 14 y 15 de agosto tiene lugar la Festa de Nossa Senhora do Monte. El día 15 de agosto se celebra en Monte (ver pp. 34-35) la Asunción de la Virgen a los Cielos con procesiones durante el día y fiesta y baile por la noche.

Festival de Colón
Vila Baleira ■ **Fin sep**

Desfiles de disfraces, pasacalles, conciertos y exposiciones en la pequeña capital de Porto Santo, Vila Baleira *(ver p. 101)*, recrean la llegada de Colón.

 Fiesta de Bom Jesus
Ponta Delgada ■ **1er do de sep**

Peregrinos procedentes de toda la isla acuden a Ponta Delgada *(ver p. 84)* a rezar al Bom Jesus (Buen Jesús), una figura de Cristo a la que atribuyen poderes milagrosos.

Fiesta del Vino
Estreito de Câmara de Lobos ■ **Med sep**

Se festeja la vendimia en Estreito de Câmara de Lobos, donde se disfruta con música folclórica y demostraciones de pisado de uvas al estilo tradicional, esto es, con los pies descalzos.

Aplastando uvas en la Fiesta del Vino

 Madeira Nature Festival
Funchal ■ **Prin oct**

Este festival promueve los recursos naturales de Madeira y la mejor forma de disfrutarlos, ya sea en tierra, mar o aire. La iniciativa vincula deporte y actividades al aire libre con la etnografía y cultura de la isla.

 Navidad y Año Nuevo
Toda la isla ■ **Dic**

La mayoría de las iglesias y las tiendas montan belenes. Asimismo el Año Nuevo resulta aún más espectacular. Sus fuegos artificiales han sido reconocidos por los récords Guinness como los más grandes del mundo.

TOP 10: TRADICIONES FESTIVAS

Pan típico *bolo do caco*

1 *Bolo do caco*
Los pinchos de carne se acompañan con el esponjoso pan *bolo do caco*, hecho en un horno de piedra.

2 Parrillas
Ninguna fiesta está completa sin un plato de carne de vacuno a la parrilla.

3 Vino
Las fiestas brindan la oportunidad de probar vinos (y sidras) que no se encuentran en el mercado.

4 Adornos callejeros
Las calles de la isla se engalanan para disfrutar de las fiestas.

5 Arreglos florales
Guirnaldas de flores cuelgan de postes cubiertos con ramas de laurel.

6 Banderas y farolillos
Las banderas de Madeira (una cruz roja sobre fondo blanco) ondean en las calles, y brillantes farolillos azules iluminan la noche.

7 Petardos
El estruendo de los petardos marca el comienzo de las fiestas populares (o las victorias de los equipos de fútbol locales).

8 Misas y procesiones
Los vecinos honran así a su santo patrón.

9 Muro de la Esperanza
En la víspera de la fiesta de las Flores, los niños depositan una flor frente al ayuntamiento, construyendo el Muro da Esperança.

10 Música y baile
Bandas, conocidas como filarmónicas, formadas por metales, acordeones e instrumentos de viento, amenizan las noches de fiesta.

Recorridos por Madeira

Espectaculares vistas desde los
acantilados de Ponta de São Lourenço

TOP10 Funchal

Fundada en 1425, Funchal adquirió el estatus de ciudad en 1508. Sus principales edificios históricos permanecen intactos, a pesar de las inundaciones, los piratas y los terremotos. Recibe el nombre de Funchal (hinojo) por la abundancia de plantas de hinojo silvestre que encontraron en la zona los primeros colonos. La capital de Madeira se asienta en la costa sur, en un anfiteatro natural flanqueado por acantilados al este y al oeste y por montañas al norte. Sus calles están pavimentadas con mosaicos y sombreadas por jacarandá. Sus parques públicos y jardines privados hacen de ella un lugar de intensos aromas y colores, donde la arquitectura y la naturaleza se combinan armoniosamente.

Leda y el cisne en el patio del ayuntamiento

FUNCHAL

- **❶ Imprescindible**
  ver pp. 73-75
- **❶ Dónde comer**
  ver p. 79
- **❶ Y además...**
  ver p. 76
- **❶ Compras**
  ver p. 77
- **❶ Vida nocturna**
  ver p. 78

1 Museu de Arte Sacra
PLANO P3

La única plaza abierta de Funchal la cierra por un lado el bello palacio Episcopal, que alberga el Museu de Arte Sacra *(ver pp. 14-15)*. Inaugurado en 1950, el museo muestra arte religioso, incluyendo una colección de pinturas flamencas del siglo XV. Cruzando la plaza se encuentra el hermoso edificio barroco de la Câmara Municipal (ayuntamiento, *ver p. 44)*.

Evocadoras calles de la Zona Velha

2 Zona Velha
PLANO P5

Funchal fue la primera ciudad portuguesa que se fundó fuera de las fronteras tradicionales de Europa, y todo comenzó en la Zona Velha *(ver pp. 22-23)*. El asentamiento original estaba protegido por la

fortaleza de São Tiago. Restaurantes y bares bordean la remozada Rua de Santa Maria y los alrededores de la Capela do Corpo Santo *(ver p. 23)*. Un paseo marítimo y un parque unen el casco antiguo con la estación del teleférico de Monte *(ver p. 35)* y el mercado dos Lavradores *(ver pp. 24-25)*.

③ Barrio del Carmo
PLANO N4

Este barrio se ubica entre dos de los tres ríos que fluyen desde las montañas hasta el mar a través de Funchal. Sus profundos cauces antaño estuvieron cubiertos por buganvillas púrpuras y rojas. Entre la iglesia del Carmo (siglo XVII), el Museo Franco *(ver p. 48)* y el Núcleo Museológico do Bordado *(ver p. 49)* se extiende un laberinto de calles con bellos edificios, como la Casa de los Cónsules *(ver p. 44)*.

④ Santa Clara y São Pedro
PLANO N2

Merece la pena subir la empinada calçada de Santa Clara para llegar al Museu da Quinta das Cruzes *(ver pp. 18-19)*. Alberga una interesante y variada colección de artes decorativas y sus jardines también compensan la visita. Muy cerca está el convento de Santa Clara *(ver pp. 20-21)* y la Casa Museo Frederico de Freitas *(ver p. 48)*. Al norte de la Rua da Carreira, en la Rua Mouraira, está la bonita iglesia de São Pedro *(ver p. 46)*.

Interior de la iglesia de São Pedro

⑤ Barrio de la Catedral
PLANO P3

Uno de los pocos edificios que se mantienen intactos desde la época de la colonización del siglo XV es la catedral *(ver pp. 12-13)*. Construida con grandes bloques de roca volcánica que fueron traídos desde los acantilados de Cabo Girão *(ver p. 81)*, la catedral y sus calles adyacentes conforman un barrio que sigue siendo el corazón de la ciudad y se caracteriza por sus bares y cafés y sus edificios históricos, como el Banco de Portugal *(ver p. 45)* y la Alfândega *(ver p. 45)*.

⑥ Barrio de la Universidad
PLANO N2

Las estatuas de santos jesuitas están en hornacinas en la fachada de la Igreja do Colégio *(ver p. 46)*, la enorme y ornamentada iglesia jesuita cuyos antiguos edificios docentes son ahora las oficinas administrativas de la Universidad de Madeira *(ver p. 45)*. En las seis manzanas que se extienden hacia el norte y a ambos lados de estas oficinas hay viejas librerías, bodegas adoquinadas *(ver p. 62)* y algunas de las casas-torre más antiguas y decoradas de Funchal.

⑦ Rua da Carreira
PLANO P2

Funchal, conocida como la Pequeña Lisboa, y los elegantes edificios de esta calle, con sus contraventanas verdes y sus balcones ornamentales de hierro con plantas, recuerdan a la capital portuguesa. En el extremo oeste de la calle, una bonita *casa de prazer* (templete) adorna la esquina con la Rua do Quebra Costas.

⑧ Paseo marítimo y Marina
PLANO Q3

Parece que Funchal entera mira hacia el mar y hacia el animado puerto, donde recalan yates privados, buques cargueros y trasatlánticos. Se han renovado partes del puerto y Marina, pero todavía es posible pasear por la Avenida do Mar y tomarse un café en uno de los quioscos junto al mar.

Yates en Marina Funchal

⑨ Avenida Arriaga
PLANO P2

La ancha Avenida Arriaga acoge algunos de los edificios públicos más prestigiosos de Funchal, como la bodega Blandy *(ver pp. 16-17)*, uno de los destinos más populares entre los visitantes. Ocupa un convento franciscano del siglo XVII y muestra la historia del vino de Madeira. Ofrece visitas guiadas (en español) que descubren los secretos de la producción del famoso vino. Cerca se encuentra el Jardim Municipal *(ver p. 51)* y el imponente Palácio de São Lourenço *(ver p. 76)*.

⑩ Zona hotelera
PLANO Q1

Al oeste de la ciudad se puede pasear por una serie de parques *(ver p. 50)* y disfrutar de las mansiones *art déco* de las décadas de 1920 y 1930 que jalonan la Avenida do Infante. A medida que esta calle cruza el barranco de Ribeira Seca y pasa el Reid's Palace *(ver p. 115)*, las mansiones dan paso a los grandes hoteles junto a centros comerciales y restaurantes.

UN DÍA EN FUNCHAL

▶ MAÑANA

Vaya hacia las 9 al **Mercado dos Lavradores** *(ver pp. 24-25)* para tomar un café y un *bolo do caco* *(ver p. 61)* en el café de la azotea Macaronésia antes de bajar hasta el mercado.

Después diríjase al **Madeira Story Center** *(ver p. 23)* para conocer la historia y la cultura de la isla. Desde aquí puede explorar la **Zona Velha** *(ver pp. 22-25)* y pasear por el Jardim do Almirante Reis. Posteriormente vuelva sobre sus pasos hasta llegar a la **catedral de Funchal** *(ver pp. 12-13)*. Aquí conocerá los dos principales estilos de iglesias de Madeira: el gótico del siglo XVI y el barroco del siglo XVIII.

Para descansar y tomar un bocado disfrute de la relajada vida de los cafés de Funchal en alguna de las cafeterías de la Rua João Rovira y la Rua da Sé.

TARDE

Baje la comida caminando por la **Avenida Arriaga** hasta el Jardim Municipal. Desde aquí pasee por la calçada de Santa Clara hasta el **Museu da Quinta das Cruzes** *(ver pp. 18-19)*. Déjese por lo menos una hora para explorar el museo y sus frondosos jardines arqueológicos. Mientras regresa pasará junto al interesante **Casa Museu Frederico de Freitas** *(ver p. 48)*, que merece dedicarle media hora.

Vuelva a la Avenida Arriaga antes de las 16.30 para realizar una visita guiada a la **bodega Blandy** *(ver pp. 16-17)* con cata de vinos.

Ver plano en pp. 72-73 ←

Y además...

① Fortaleza do Pico
PLANO N1 ■ Rua do Castelo
■ Cerrado por reformas

Suba una dura cuesta desde el centro para llegar a esta poco visitada fortaleza para disfrutar de las vistas. Todavía es usada en parte por militares pero hay zonas abiertas al público.

② Casa da Luz – Museu de Electricidade

En esta antigua central eléctrica se muestran los heroicos esfuerzos que fueron necesarios para producir electricidad en la isla (ver p. 22).

③ Madeira Optics Museum
PLANO P2 ■ Rua das Pretas 51
■ 291 220 694/961 822 358 ■ Horario: 10.00-13.00 y 15.00-19.00 lu-vi, 10.00-13.00 sá ■ Se cobra entrada ■ www.madeiraopticsmuseum.com

Más de 2000 artículos relacionados con la óptica se exhiben aquí, entre ellos telescopios, prismáticos y cámaras.

④ Arte de puertas abiertas
Con este proyecto las puertas de la calle más antigua de Madeira y alrededores se decoraron con sorprendentes diseños de diversos estilos realizados por artistas locales e internacionales (ver p. 22).

⑤ Palácio de São Lourenço
PLANO P3 ■ Avenida Zarco ■ 291 204 902 ■ Horario: 10.00-16.30 lu-sá ■ Se cobra entrada

Esta histórica fortaleza alberga el Museu Militar da Madeira.

⑥ History Tellers
PLANO H5 ■ Rua dos Ferreiros
■ 935 010 779 ■ www.madeiran heritage.pt

Visitas a pie en las que estudiantes de la Universidad de Madeira explican (en inglés) el pasado de la isla.

⑦ Artesanato da Madeira
PLANO N3 ■ Rua dos Ferreiros 152 ■ 291 204 600 ■ Horario: 10.00-12.30 y 14.00-17.30 lu-vi ■ Se cobra entrada

Se venden bordados tradicionales y objetos contemporáneos. Una exposición de artesanía complementa la visita a este espacio auténtico.

⑧ Madeira Film Experience
PLANO Q2 ■ Marina Shopping, Rua Con-selheiro José Silvestre 1 ■ 291 222 748 ■ Horario: 10.15-17.00 todos los días ■ www.madeirafilmexperience.com

Experiencia audiovisual de 30 minutos que resume 600 años de historia.

⑨ Museu do Brinquedo
Recoge unos 100 años de historia del juguete, desde muñecas de porcelana del siglo XIX hasta Barbies de 1980, y una colección de coches en miniatura (ver p. 22).

⑩ Universo de Memórias João Carlos Abreu
PLANO N2 ■ Santa Clara Civic y Cultural Centre, calçada do Pico 2 ■ 291 225 122 ■ Horario: 10.00-17.00 lu-vi ■ Se cobra entrada

Exposición de recuerdos del viajero, escritor, político y artista João Carlos Abreu. También hay un salón de té.

Palácio de São Lourenço

Compras

1 Fábrica de Santo António
PLANO P4 ■ Travessa do Forno 27-29 ■ www.fabricastoantonio.com
Dentro de esta pequeña fábrica *(ver p. 64)* hay todo tipo de golosinas, como tarta de miel, galletas de fruta de la pasión y caramelos de hinojo. También vende mermeladas y confituras de frutas.

2 Universal Store
PLANO N4 ■ Rua João de Deus 14A ■ Horario: 9.00-19.00 lu-sá, 10.00-13.00 do ■ www.universalstoremadeira.com
Las telas, cerámicas, vajillas y muñecas de trapo hechas a mano en esta tienda recuerdan a una época pasada. En el sótano hay una amplia colección de vinos de Madeira.

3 Galerias São Lourenço
PLANO P2 ■ Avenida Arriaga 41
En el centro comercial más exclusivo de Funchal se puede encontrar de todo: desde gafas de sol o ropa infantil hasta elegantes artículos de cocina y servicios de mesa.

4 Armazém do Mercado
Tiene una serie de tiendas locales. Los visitantes pueden comprar libros de segunda mano y recuerdos originales *(ver p. 23)*. También hay muchos buenos restaurantes.

5 Centro comercial La Vie
PLANO P1 ■ Rua Dr Brito Câmara 9
Cuenta con una atractiva arquitectura y una ubicación céntrica. Alberga *boutiques* de moda, joyerías, tiendas de deporte y un hipermercado.

6 Centro de diseño Nini Andrade Silva
MAPA H6 ■ Estrada da Pontinha, Forte de Nossa Senhora da Conceição ■ 291 648 780 ■ Horario: 11.00-19.00 ma-do ■ www.niniandradesilva.com
Exposición de la diseñadora de interiores nacida en Funchal Nini Andrade Silva, creadora de la decoración

Mercado dos Lavradores

de varios hoteles. Aquí se expone su trabajo en un restaurante elegante.

7 Mercado dos Lavradores
Visite el mercado para comprar recuerdos o algo para hacer un pícnic, o también para saborear la vida cotidiana de Funchal *(ver pp. 24-25)*.

8 Livraria Esperança
PLANO N3 ■ Rua dos Ferreiros 156 ■ 291 221 116 ■ Horario: 9.00-19.00 lu-vi
Esta librería alega ser la más grande de Portugal gracias a sus más de 100.000 libros de primera y segunda mano. La mayoría están en portugués, pero también hay en otros idiomas.

9 Forum Madeira
MAPA G6 ■ Estrada Monumental 390, Lido
Este elegante centro comercial alberga más de 80 tiendas, un hipermercado, 17 restaurantes y 6 cines. La azotea ofrece magníficas vistas al mar.

10 Rua Dr. Fernão Ornelas
PLANO P4
Esta atractiva calle comercial peatonalizada mezcla *boutiques* elegantes con tiendas de ultramarinos que venden café y bacalao en salazón.

Ver plano en pp. 72-73

Vida nocturna

Exterior del 23 Vintage Bar

① 23 Vintage Bar

PLANO Q6 ▪ Rua de Santa Maria 27 ▪ 914 758 975 ▪ Horario: 22.00-4.00 vi, sá y víspera de festivos

Este bar nocturno es muy popular. La música evoca el espíritu de las décadas de 1970, 1980 y 1990.

② Venda Velha

PLANO Q6 ▪ Rua de Santa Maria 170 ▪ 914 758 975 ▪ Horario: 16.00-1.00 do-ju (hasta 2.00 vi y sá)

En este bar sirven la potente bebida *poncha* (ver p. 65). Las noches de los viernes y los sábados la animación se extiende a la terraza.

③ Teatro Municipal

PLANO P2 ▪ Avenida Arriaga ▪ 291 215 130

El resplandeciente teatro de la ciudad, construido en 1888, acoge conciertos de música, danza contemporánea, teatro y cine nacional. La cartelera se exhibe en el exterior.

④ Café do Teatro

PLANO P2 ▪ Avenida Arriaga 40 ▪ 924 437 951

Este pequeño y sofisticado café ofrece cócteles y en ocasiones recibe a pinchadiscos.

⑤ Hole in One

MAPA G6 ▪ Estrada Monumental 238 A ▪ 291 765 443 ▪ www.holeinone madeira.com

Pub irlandés para beber una Guinness o una Coral, la cerveza local, al ritmo de la música en directo.

⑥ Discoteca Vespas

PLANO Q2 ▪ Avenida Sá Carneiro 7 (enfrente del puerto de contenedores) ▪ 291 234 800

Tres locales bajo el mismo techo acogen a una joven clientela de residentes y turistas.

⑦ Sabor a Fado

PLANO P5 ▪ Travessa das Torres ▪ 925 612 259

Restaurante con música en directo y un menú portugués tradicional.

⑧ Casino da Madeira

MAPA H6 ▪ Avenida do Infante ▪ 291 140 424 ▪ Horario: 15.00-3.00 do-ju, 16.00-4.00 vi, sá y festivos ▪ www.casinodamadeira.com

Juegue a las tragaperras, la ruleta y el *blackjack*, o disfrute de una cena con espectáculo y música en directo en el bar Copacabana.

Casino da Madeira

⑨ Living Room

PLANO P3 ▪ Travessa dos Varadouros 4-8 ▪ 925 510 590 ▪ Horario: 21.00-2.00 ma-ju, 22.00-4.00 vi y sá

Divertido bar de diseño y discoteca que también es galería de arte. Pequeño espacio con DJ locales que también es un paraíso de la ginebra.

⑩ Música clásica

291 752 173 ▪ www.madeiramandolin.com

La Orchestra Mandolin, la orquesta de mandolina más antigua de Europa, se fundó en 1913. Consultar en la web sus fechas de conciertos y horarios.

→ Ver plano en pp. 72-73

Dónde comer

1 Armazém do Sal
PLANO P3 ▪ Rua da Alfândega 135 ▪ 919 134 411 ▪ Cerrado sá y do comidas ▪ €€

Este antiguo almacén de sal ha sido transformado en un restaurante de lujo que está muy bien considerado. La lubina ahumada es excelente.

2 Gavião Novo
PLANO Q6 ▪ Rua de Santa Maria 131, Funchal ▪ 291 229 238 ▪ €€

Famoso por sus pescados y mariscos, también ofrece platos de carne creativos como el filete con salsa Roquefort (ver p. 60).

3 Restaurante Lá ao Fundo
PLANO P5 ▪ Portão de São Tiago 17A ▪ 964 527 912 ▪ €€

Cercano a la fortaleza de São Tiago (ver p. 22), este restaurante ofrece una creativa fusión de platos de Goa y Mozambique.

4 Dona Amélia
PLANO Q1 ▪ Rua Imperatriz Dona Amélia 83 ▪ 291 225 784 ▪ Solo cenas ▪ €€

Este elegante restaurante sirve especialidades regionales y mediterráneas. Se recomienda reservar (ver p. 60).

5 Avista
PLANO G6 ▪ Estrada Monumental 145 ▪ 291 707 770 ▪ €€

Cocina mediterránea tradicional, buenos vinos y unas vistas espectaculares del mar se combinan para ofrecer una cena inolvidable. Menú asiático disponible los jueves y comida y cena de viernes a lunes.

6 UVA
PLANO P2 ▪ Vine Hotel, Rua dos Aranhas 27 ▪ 291 009 000 ▪ Solo cenas ▪ €€

Restaurante de hotel que ofrece gastronomía de primera categoría y una vinoteca. Servicio excelente.

PRECIOS
Una comida de tres platos con media botella de vino (o equivalente), servicio e impuestos incluidos.

€ menos de 25 € ▪ €€ 25-60 € ▪ €€€ más de 60 €

7 Tasca Literária Dona Joana Rabo-de-Peixe
PLANO P5 ▪ Rua de Santa Maria 77 ▪ 291 220 348 ▪ €€

En este peculiar restaurante hay que probar las lapas y el pulpo a la parrilla (ver p. 61).

Il Gallo d'Oro

8 Il Gallo d'Oro
PLANO G6 ▪ Cliff Bay Hotel, Estrada Monumental 147 ▪ 291 707 700 ▪ Solo cenas, cerrado do y lu ▪ €€€

Sofisticado restaurante que tiene dos estrellas Michelin (ver p. 60).

9 William
MAPA G6 ▪ Reid's Palace, Estrada Monumental 139 ▪ 291 717 171 ▪ Solo cenas ▪ €€€

Restaurante con una estrella Michelin y fabulosas vistas al océano (ver p. 60).

10 Beef and Wines
MAPA H6 ▪ Edificio Infante Dom Henrique 60, Avenida do Infante ▪ 963 041 993 ▪ Horario: 19.00-22.00 lu-sá, 12.30-14.30 y 19.00-22.00 ju y vi ▪ €€€

Recetas brasileñas como picanha (ternera asada) y feijoada (cocido de judías).

Interior de Beef and Wines

TOP 10 Centro de Madeira

Casa tradicional, Santana

El centro de Madeira está ocupado casi completamente por altos picos volcánicos y profundos barrancos. Para disfrutar al máximo de este paisaje es necesario caminar, pero gracias a los *miradouros* (miradores) bien situados puede tomar fotografías y disfrutar del atractivo visual del macizo montañoso central, incluso desde la carretera. Entre el norte y el sur hay grandes contrastes. Las soleadas laderas meridionales están densamente habitadas, con haciendas cubiertas de azulejos rojos perdidas en un mar de vides y bananos. En las laderas septentrionales, abundan los árboles.

CENTRO DE MADEIRA

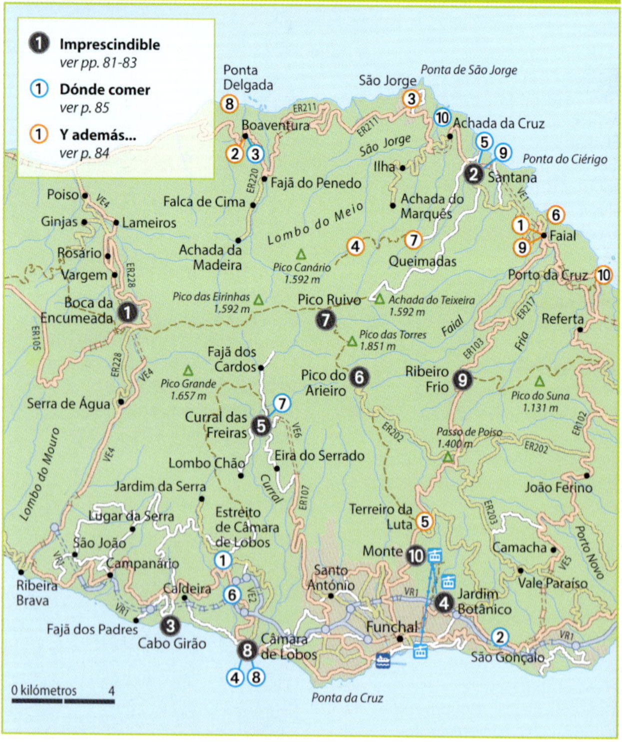

❶ Imprescindible
ver pp. 81-83

① Dónde comer
ver p. 85

① Y además...
ver p. 84

Ponta Delgada
Ponta de São Jorge
São Jorge ③
❽ Boaventura ⑩ Achada da Cruz
❷ ❸ São Jorge ⑤ ⑨ Ponta do Ciérigo
❷ Fajã do Penedo Ilha ❷ Santana
Poiso Falca de Cima Lombo do Meio Achada do Marqués ① ⑥ Faial
Ginjas Lameiros ④ ⑦ ⑨
Rosário Achada da Madeira Queimadas Porto da Cruz ⑩
Vargem Pico Canário 1.592 m
Pico das Eirinhas 1.592 m Pico Ruivo ▲ Achada do Teixeira 1.592 m
Boca da Encumeada ❶ ❼ Faial Referta
▲ Pico das Torres 1.851 m Fria
Fajã dos Cardos Pico do ❻ Ribeiro Frio ⑨
▲ Pico Grande 1.657 m Arieiro Pico do Suna 1.131 m
Serra de Água ⑦ Passo de Poiso 1.400 m
Curral das Freiras ⑤
Lombo Chão Eira do Serrado João Ferino
Jardim da Serra
Lugar da Serra Estreito Terreiro da Luta ⑤
São João de Câmara de Lobos Camacha
Campanário ① Monte ⑩ Vale Paraíso
Ribeira Brava Santo António
Caldeira ⑥ Jardim Botânico ④
Fajã dos Padres ❸ Funchal
Cabo Girão ❽ Câmara de Lobos São Gonçalo ❷
④ ❽

0 kilómetros 4
Ponta da Cruz

1 Boca da Encumeada

El paso de Encumeada es un collado que divide el norte del sur de la isla. Hay cimas majestuosas como el Pico Grande en el este o el Crista do Galo, con forma de cono, al oeste. Justo al sur del paso está la Levada do Norte *(ver p. 54)*.

2 Santana

MAPA H2 ▪ Autobuses Horários do Funchal 56, 103

Santana guarda los mejores ejemplos de las tradicionales viviendas de madera y paja conocidas como *palheiros*. Estas casas triangulares, con sus luminosas fachadas, son compactas y confortables; muchas disponen de modernas ampliaciones para albergar las cocinas y los cuartos de baño que faltaban en las originales. Se puede visitar y fotografiar un grupo de casas (ahora convertidas en tiendas de recuerdos) junto a la iglesia. Hay muchas más en el pueblo, con cuidados jardines.

3 Cabo Girão

MAPA E5 ▪ Autobuses Rodoeste 6, 7 y 142

El acantilado más alto de Madeira (580 m) también reivindica ser el segundo más alto del mundo. Desde el mirador con suelo transparente de la cumbre se ve una *fajã* o plataforma de roca que se formó cuando parte del acantilado cayó al mar, hace unos milenios. Los granjeros locales trabajan en los cultivos de los bancales. Para una visión más cercana tome el teleférico que une Caldeira Rancho, al oeste de Câmara de Lobos, con la base del acantilado.

4 Jardim Botânico

Constituye el lugar perfecto para satisfacer la curiosidad por los nombres y orígenes de todos los árboles, palmeras, suculentas y fragantes trepadoras que crecen por toda la isla en los jardines de las casas, en los parques públicos *(ver pp. 26-27)*.

Arbustos podados, Jardim Botânico

5 Curral das Freiras

Un largo túnel comunica la aldea de Curral das Freiras con el resto de la isla. La antigua carretera se ha cerrado por medidas de seguridad. Al llegar a este retiro monástico es fácil imaginar lo aislada que vivía esta comunidad en el pasado *(ver pp. 36-37)*.

Curral das Freiras

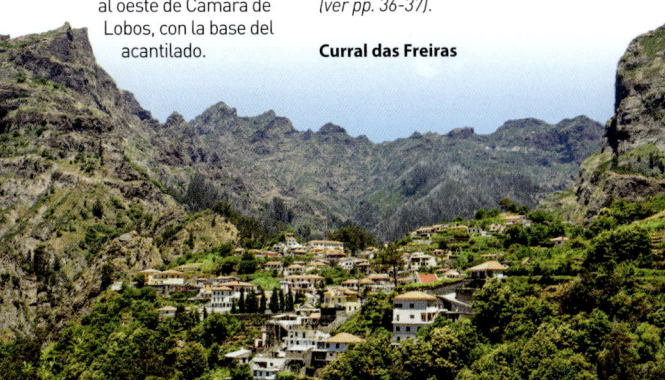

6 Pico do Arieiro

En el paisaje del tercer pico más alto de Madeira se aprecia el efecto de las fuerzas volcánicas que crearon la isla y las batallas elementales entre el viento, las rocas y la lluvia que la convirtieron en el conjunto de picos y barrancos que se ve actualmente *(ver pp. 38-39)*.

Sendero, Pico do Arieiro

7 Pico Ruivo

MAPA G3 ■ **No hay autobuses**

Al pico más alto de Madeira se llega por la carretera que sale de la gasolinera situada al este de Santana y acaba en el aparcamiento de Achada do Teixeira. Desde aquí, un sendero en buenas condiciones asciende hasta la cima, a 1.862 m. En las vistas al sur dominan los altos picos y las dentadas

---

> **LOS *PALHEIROS***
>
> Se cree que las construcciones en forma de A de Santana fueron introducidas por colonos de las zonas agrícolas del centro de Portugal. Estos *palheiros*, con tejados de paja, se utilizan como viviendas o establos. En esta isla de laderas escarpadas, el ganado puede despeñarse si se le deja pastar en libertad; por eso, se le encierra bajo la sombra de los *palheiros*. Los propietarios les llevan pilas de hierba recién cortada a intervalos regulares varias veces al día *(ver p. 66)*.

crestas de un árido paisaje volcánico; al norte, las nubes flotan sobre las frondosas laderas. De vuelta al aparcamiento busque las formaciones rocosas llamadas Homem em Pé (Hombre en Pie), que se pueden ver en una vaguada detrás de la casa de descanso.

8 Câmara de Lobos

MAPA F6 ■ **Todos los autobuses Rodoeste tienen parada aquí**

Los lobos del nombre de este bonito pueblo aluden a las focas monje que en el pasado se solazaban en la playa de guijarros. Hoy, esta zona hace las veces de astillero al aire libre, donde se reparan las embarcaciones tradicionales o se vuelven a pintar de colores. Entre los bares se alza la Capela de Nossa Senhora da Conceição *(ver p. 44)*, donde los vecinos dan gracias por el regreso después de una larga noche en el mar pescando los espadas (peces sable), que acaban en las mesas de muchos restaurantes de Madeira. Contemple la bahía desde el Pico da Torre o continúe hasta el Estreito de Câmara de Lobos.

Muelle y botes de colores en Câmara de Lobos

⑨ Ribeiro Frio
MAPA H4 ■ São Roque do Faial ■ Autobuses Horários do Funchal 56, 103

El río Frío cae por la ladera de la montaña para llevar agua a una piscifactoría de truchas. Algunas de estas truchas acaban en los platos del anejo restaurante Ribeiro Frio, un buen lugar para iniciar o terminar un corto paseo por la *levada* que lleva a Balcões. Una caminata más larga, la Levada do Furtado, también comienza aquí. Se necesita un mapa para hacer esta ruta, pero puede disfrutar de las vistas a los bosques de laurisilva protegidos por la Unesco en los alrededores del Parque forestal de Ribeiro Frio.

Aguas claras en Ribeiro Frio

⑩ Monte
Al subir en el teleférico desde la Zona Velha de Funchal a Monte, se salva un desnivel de 600 m por la cara sur de Madeira para llegar a un lugar sombreado por grandes árboles y regado por manantiales naturales *(ver pp. 34-35)*.

UN DÍA EN EL CENTRO DE MADEIRA

▶ **MAÑANA**

El recorrido se inicia temprano en **Monte** (a las 10.00 como muy tarde). La primera parada es la cima del **Pico do Arieiro**; si está nublado, es preferible dejarlo para el final del día, momento en el que suele despejarse.

A continuación se desciende hasta **Ribeiro Frio** para visitar la piscifactoría de truchas y los jardines.

Si se sigue bajando, pasada la tienda, se llega a una *levada* con indicaciones a **Balcões** *(ver p. 55)*. Un paseo de 20 minutos a través del bosque conduce a un cortado con vistas del centro de la isla.

A la hora de comer se recomienda el pequeño café en Ribeiro Frio. Aquellos que lleven su almuerzo disponen de un merendero en los alrededores. Otra opción es continuar hasta **Santana** *(ver p. 81)*

TARDE

Si no está en Santana, diríjase allí para ver las casas tradicionales y el **Parque Temático de Madeira** *(ver p. 58)*. A continuación siga en dirección oeste hacia **Faial** *(ver p. 84)*, dos miradores en el trayecto ofrecen vistas de la **Penha de Águia** *(ver p. 84)*.

Continúe hasta **Porto da Cruz** *(ver p. 84)*, donde podrá visitar una destilería de ron o pasar por **Portela** *(ver p. 96)* para contemplar el mar desde la distancia. La forma más rápida de regresar a Funchal consiste en seguir las señales a Machico a través de un largo túnel que conecta con la carretera del aeropuerto.

Ver mapa en p. 80 ←

Y además...

1 São Roque do Faial
MAPA J3

Varios valles confluyen en São Roque. Los senderistas pueden partir de la iglesia y elegir uno de los caminos que se dirige al oeste, a Ribeiro Frio, o al este, a Tem-te Não Caias (literalmente, tente no te caigas).

2 Boaventura
MAPA G2

Es una buena base para explorar los huertos regados por la Levada de Cima. Se recomienda contratar a un buen guía.

3 São Jorge
MAPA H2

Tiene una iglesia barroca de 1761, y en Ponta de São Jorge se alza un faro del siglo XIX con hermosas vistas de la costa. Una carretera sale desde el este del pueblo hacia una pequeña playa *(ver p. 53)*.

Faro en Ponta de São Jorge

4 Caldeirão Verde
MAPA G3

Desde Queimadas, una *levada* conduce a la Caldera Verde, una cascada que se precipita sobre un agujero en la roca. Se necesita calzado robusto, linterna e impermeable.

5 Terreiro da Luta
MAPA H5

Se cuenta que la Virgen se le apareció a una joven pastora en este lugar y le regaló la estatua que se muestra en la iglesia de Monte. El monumento, en Caminho dos Pretos, se erigió después de 1916.

Penha de Águia

6 Penha de Águia
MAPA J3

La peña del Águila se eleva 590 m sobre el mar. Los jóvenes consideran la escalada desde la Penha de Águia de Baixo hasta la cumbre una prueba de fuerza.

7 Queimadas
MAPA H3

Desde el lado oeste de Santana, una carretera da paso a una pista que lleva a una casa con jardines, estanques y mesas de merendero en el corazón de un bosque declarado Patrimonio de la Humanidad por la Unesco.

8 Ponta Delgada
MAPA F2

Popular por sus piscinas de agua salada frente al mar *(ver p. 53)* y sus artesanías *(ver p. 65)*, este pequeño pueblo tiene tambien una bonita iglesia que merece una visita.

9 Faial
MAPA J3 ■ Cerrado por reformas

El Fortim do Faial es un fuerte construido en el siglo XVIII para repeler las incursiones piratas. Desde el sur del pueblo se divisa la Penha de Águia una zona donde el acantilado cayó al mar.

10 Porto da Cruz
MAPA J3

Su casco antiguo está formado por callejones adoquinados. En el puerto queda un molino de azúcar, donde se puede comprar el aguardente local.

➤ *Ver mapa en p. 80*

Dónde comer

① Adega da Quinta, Estreito de Câmara de Lobos

MAPA F5 ▪ Quinta do Estreito, Rua José Joaquim da Costa ▪ 291 910 530 ▪ €€

Comida rústica de Madeira. Pruebe la suculenta *espetada* (brocheta de carne), asado en horno de leña.

② Casa Velha

MAPA H6 ▪ Casa Velha do Palheiro, Rua da Estalagem 23, São Gonçalo ▪ 291 790 350 ▪ €€

Comedor con encanto señorial con vajilla de Villeroy & Boch y tapicería de flores. Ofrece alta cocina y buenos vinos.

③ Sao Cristovao, Boaventura

MAPA F2 ▪ Sitio de Sao Cristovao ▪ 291 862 066 ▪ Cerrado lu ▪ €€

Ubicado en la costa norte de la isla, este restaurante tradicional ofrece una vista espectacular del mar y las montañas.

④ Vila do Peixe

MAPA F6 ▪ Rua Dr. João Abel de Freitas, Câmara de Lobos ▪ 291 099 909 ▪ €€

El menú ofrece las capturas del día preparadas de manera sencilla. Tiene hermosas vistas a la bahía *(ver p. 60)*.

⑤ Churrascaria Caldeirão Verde, Santana

MAPA H2 ▪ Avenida Manuel Marques da Trindade ▪ 291 576 185 ▪ €

Un estupendo local con un servicio sin lujos pero con excelentes carnes asadas y brochetas *(espetada)*.

⑥ Churrascaria O Lagar, Câmara de Lobos

MAPA F6 ▪ Estrada do João G. Zarco 478 ▪ 291 941 865 ▪ €€

Palacio en las colinas que sirve pollo tierno con ajo y brochetas de carne, con pan caliente de *bolo do caco*.

PRECIOS
Una comida de tres platos con media botella de vino (o equivalente), servicio e impuestos incluidos.

€ menos de 25 € ▪ €€ 25-60 € ▪ €€€ más de 60 €

---

⑦ Sabores do Curral, Curral das Freiras

MAPA F4 ▪ Caminho da Igreja 1 ▪ 291 712 257 ▪ Cerrado lu ▪ €€

Este encantador restaurante ofrece delicias gastronómicas de productos locales con la castaña como principal ingrediente. Pruebe el licor.

⑧ Vila da Carne

MAPA F6 ▪ Rua Dr. João Abel de Freitas, Câmara de Lobos ▪ 291 099 908 ▪ €€

Ubicado en el mismo espacio de la Vila do Peixe, es un restaurante centrado en diversas carnes. La *espetada* chisporroteante es su plato estrella.

⑨ Cantinho da Serra

MAPA H2 ▪ Estrada do Pico das Pedras 57, Santana ▪ 291 573 727 ▪ €€

Suculenta comida casera en un ambiente cálido y rústico. En invierno la sala se calienta con una apetecible chimenea de leña *(ver p. 61)*.

⑩ Quinta do Furão

MAPA H2 ▪ Estrada Quinta do Furão 2 ▪ 291 570 100 ▪ €€

Una combinación de sabores tradicionales de Madeira con influencias internacionales, todo cuidadosamente preparado y presentado. Terraza con muy buenas vistas *(ver p. 61)*.

Casa Velha do Palheiro

TOP 10 Oeste de Madeira

La carretera que une Ribeira Brava y São Vicente por el puerto de Encumeada forma la frontera entre los picos del centro de Madeira y el páramo de la meseta de Paul da Serra, al oeste. Crestas y barrancos se suceden en el declive de la meseta. Los situados al norte se sumergen casi en el mar, con cascadas que se precipitan decenas de metros. Los pueblos agrícolas y ganaderos se encuentran en las laderas más suaves del sur y el oeste, donde las nuevas carreteras llegan hasta zonas inexploradas.

Vista panorámica de los espectaculares acantilados de la bahía de Seixal

OESTE DE MADEIRA

Ponta do Tristão

③ ④
⑧ Porto Moniz

Santa

Lamaceiros

Portas da Vila

② Ribeira da Janela

Achadas da Cruz ⑦

Cabo

Océano Atlántico

Ribeira da Vaca

⑩ ⑨ Ponta do Pargo
②

① Seixal

⑥ ER101

④ São Vicente

Lombada dos Marinheiros

Nova

Remal △ 1.320 m

Lameiros

Fajã da Ovelha

Chão

Pico Ruivo do Paul 1.640 m △

Rosário

Vargem

Raposeira

⑤ Rabaçal

Bica da Cana 1.620 m △

Paul do Mar ⑨

⑤

Prazeres

Pico da Urze 1.418 m

⑩ Paul da Serra

Lombo da Rocha

⑦ ⑧ ①

Serra de Água

Jardim do Mar ②

③

⑥ Lombo dos Reis

Calheta ⑥

Loreto

Socorro

Lugar da Serra

Arco da Calheta

① ⑧

Madalena do Mar

Canhas

⑤ Candelária

São João

Ponta do Sol ④

Lugar de Baixo

⑦

⑨ ③ Ribeira Brava

⑩ Fajã dos Padres

❶	**Imprescindible** *ver pp. 87-89*	
①	**Y además...** *ver p. 90*	
①	**Dónde comer** *ver p. 91*	

0 kilómetros   4

① Seixal
MAPA D2
■ **Autobús Rodoeste 139**

La mayor parte de la carretera costera discurre ahora a través de túneles, pero desde Seixal se puede tener una idea del maravilloso paisaje de la costa norte. Los acantilados, golpeados por poderosas olas que se pierden en la distancia. Los viñedos se agarran a la roca en bancales casi verticales. Las cascadas caen de cerros boscosos a ambos lados del pueblo.

② Jardim do Mar
MAPA B4 ■ **Autobús Rodoeste 80 y 163**

Bonito pueblo enclavado en el punto de encuentro de antiguos caminos empedrados que ascienden por los riscos circundantes. Un laberinto de callejones serpentea hasta una playa de guijarros donde hay competiciones de surf en invierno.

③ Ribeira Brava
MAPA D5 ■ **Autobuses Rodoeste 4, 6, 7, 80, 127, 139 y 142**
■ **Museu Etnográfico da Madeira: Rua São Francisco 24; 291 952 598. Horario: 9.30-17.00 ma-vi; 10.00-12.30, 13.30-17.30 sá ■ Se cobra entrada**

Ribeira Brava es una de las localidades más antiguas de la isla, establecida como centro de producción de azúcar en torno a 1440. La iglesia parroquial tiene esculturas de la década de 1480. Vale la pena visitar el Museu Etnográfico da Madeira.

Iglesia parroquial de Ribeira Brava

Centro histórico de São Vicente

④ São Vicente
MAPA E2 ■ **Autobuses Rodoeste 6 y 139**

Este bonito pueblo de la vertiente norte del puerto de Encumeada sería maravilloso de pintar: contraventanas, puertas y balcones verdes con dinteles de piedra y marcos de color rojo oscuro adornan las fachadas blancas de las casas.

⑤ Rabaçal
MAPA C3

Regada durante siglos por las aguas de la meseta de Paul da Serra, Rabaçal es una hendidura verde situada en medio del páramo. Un paseo de 2 km por una serpenteante pista asfaltada conduce, a través de brezos, a una cabaña de bosque con un merendero. Rabaçal marca el inicio de dos populares rutas: una sigue la Levada do Risco hasta la cascada de Risco (2 h ida); la otra avanza hasta 25 Fontes, una piscina natural con cascadas (3 h ida).

6 Calheta

MAPA B4 ■ Autobús Rodoeste 80, 142, 163 y 164 ■ Iglesia: horario: 10.00-13.00 y 15.00-18.00 ma-do ■ Engenho da Calheta: 291 822 264; horario: 10.00-18.30 ma-do

La hermosa iglesia parroquial de Calheta, una versión reducida de la catedral de Funchal *(ver pp. 12-13)*, se halla en un bancal, en medio de la ladera de la colina que se alza al oeste de la población. La iglesia contiene un precioso tabernáculo de ébano y plata del siglo XVII y un alfarje profusamente ornado sobre el altar Mayor. Junto a la iglesia se sitúa el Engenho da Calheta, uno de los dos molinos de azúcar que quedan en Madeira; el otro se encuentra en Porto da Cruz *(ver p. 84)*. Además de producir miel, ingrediente esencial del típico *bolo de mel* (pastel de miel), el molino elabora *aguardente* (ron) de jarabe de caña destilado.

Campos de Achadas da Cruz

7 Achadas da Cruz

MAPA B2 ■ Teleférico: Caminho do Teleférico, Achadas da Cruz ■ 291 852 951 ■ Horario: 8.00-12.00, 13.00-18.00 todos los días ■ Se cobra entrada

Vale la pena hacer el esfuerzo de explorar este rincón de la isla muy poco visitado. El pueblo es anodino excepto por el hecho de que es el punto de partida de uno de los teleféricos más espectaculares de Madeira. La telecabina se desliza desde el borde de un acantilado de 450 m con vistas espectaculares, y baja hasta una playa rocosa y algunas cabañas.

Mar agitado y rocas en Porto Moniz

8 Porto Moniz

MAPA C1 ■ Autobuses Rodoeste 80 y 139

Porto Moniz, en el extremo noroeste de la isla, posee dos partes diferenciadas: la zona de arriba es un animado centro agrario dispuesto en torno a la iglesia; la zona de abajo está dedicada a la hostelería y el baño. Se han unido varias piscinas naturales para crear un agradable y seguro conjunto en el que bañarse. Las olas rompen en las rocas y refrescan con sus rociadas de espuma. El paseo marítimo alberga algunos de los mejores restaurantes de pescado y marisco de Madeira.

9 Ponta do Pargo

MAPA A2 ■ Autobuses Rodoeste 80 y 142

El punto más occidental de Madeira es el mejor lugar de la isla para ver el sol ponerse y contemplar cómo las olas rompen contra los acantilados de la costa. En el faro del promontorio, hay una pequeña exposición de mapas y fotografías que traza la historia de los faros de todas las islas del archipiélago de Madeira. En el techo de la iglesia se representan coloridos atardeceres, colinas escalonadas y lugares pintorescos del oeste de la isla; todas ellas fueron realizadas en la década de 1990 por un artista belga que se instaló en el pueblo.

⑩ Paul da Serra
MAPA D3

La ondulada meseta de Paul da Serra (Marisma de la Sierra) es el punto de confluencia de las aguas que alimentan muchos de los arroyos y *levadas* de la isla. Además, su suelo retiene las abundantes lluvias que caen sobre la isla. El ganado pasta por los exuberantes prados. La gente de los pueblos cercanos recoge en verano arándanos y moras para elaborar confituras. Muchos de los habitantes de la zona dependen de los aerogeneradores de la meseta para obtener electricidad.

EL RESURGIMIENTO DEL AZÚCAR

Los molinos de azúcar de Calheta y Porto da Cruz datan del resurgimiento de la industria del azúcar, en el siglo XIX, cuando aumentó drásticamente la demanda de azúcar de alta calidad en Europa, gracias a la popularidad de los dulces en los hogares europeos. Las monjas de Santa Clara *(ver p. 20)* fueron famosas por sus confituras, mazapanes, higos escarchados y otras delicias.

UN DÍA EN EL OESTE DE MADEIRA

▶ MAÑANA

La primera parada de este recorrido es **Ribeira Brava** *(ver p. 87)*, a 25 minutos de Funchal por la serpenteante autopista de la costa sur. Si se llega antes de que abra el Museo Etnográfico da Madeira, se puede tomar un café o visitar la iglesia de **São Bento** *(ver p. 47)*. A continuación se sigue en dirección norte por la er104 (VE4), hacia Serra de Água. Para disfrutar de unas vistas espectaculares es mejor evitar el nuevo túnel que lleva a **São Vicente** *(ver p. 87)*. Salga de la carretera para tomar un refrigerio en **Hotel Encumeada** *(ver p. 117)* y disfrute de sus espectaculares vistas.
Una vez en São Vicente, conduzca a lo largo de la costa y deténgase a admirar las vistas en el Miradouro do Véu da Noiva antes de darse un baño en Seixal *(ver p. 87)*. Para comer bien diríjase al paseo marítimo de Porto Moniz y vaya a **O Cachalote** *(ver p. 91)*.

TARDE

La antigua carretera costera ER101 *(Antiga)* es peligrosa debido a los desprendimientos de rocas, por lo que hay que llegar a **Porto Moniz** por la autopista moderna. Si hace calor puede bañarse en las piscinas naturales de rocas *(ver p. 53)*. Si no es así coja la ER110 para viajar por la ondulante meseta de **Paul da Serra**. Descanse en **Rabaçal** *(ver p. 87)* y estire las piernas por el camino de la *levada* que llega hasta una cascada *(ver p. 55)*. Permítase por lo menos una hora para explorar el bosque. Regrese a Funchal por el puerto de Encumeada tomando la ER104 (VE4).

Ver mapa en p. 86 ←

Y además...

① Arco da Calheta
MAPA C4

Otra vieja iglesia sobrevive en el corazón de esta dispersa localidad. La Capela do Loreto fue fundada a mediados del siglo XV por la esposa del nieto de Zarco.

② Ribeira da Janela
MAPA C1

Este valle agreste y deshabitado se une con el mar junto a un islote rocoso con un agujero que parece una ventana. La carretera desciende a través de un brumoso paisaje.

Carretera de Ribeira da Janela

③ MUDAS Museu de Arte Contemporânea de Madeira
MAPA B4 ■ Estrada Simão Gonçalves de Câmara 37 ■ 291 820 900 ■ Horario: 9.30-13.00 y 14.00-17.30 ma-sá ■ Se cobra entrada

Alberga exposiciones temporales y una colección permanente. Además, cuenta con un auditorio, una tienda-librería y un restaurante.

④ Ponta do Sol
Ponta do Sol: MAPA D5; Rua Príncipe Dom Luís 3; 291 974 034 ■ Centro da Banana da Madeira: MAPA D5; Estrada Regional 101 – VE3, 2 Lugar de Baixo; horario: 9.00-18.00 ma-do; https:// bam-centrodabananadamadeira.pt

Este soleado lugar se ha convertido en un destino para nómadas digitales.

El Centro da Banana da Madeira es un museo dedicado a la producción de plátanos de Madeira. Los visitantes pueden degustar cerveza y ron de plátano en el bar del museo.

⑤ Lombada
MAPA D5

Sobre Ponta do Sol se encuentra una de las casas más antiguas de Madeira: la mansión del siglo XV de João Esmeraldo, amigo de Colón. El molino de agua se alimenta de una de las *levadas* más antiguas de la isla. La bella iglesia (1722) está llena de cuadros de las Virtudes.

⑥ Lombo dos Reis
MAPA B4

La Cresta de los Reyes debe su nombre a la pequeña y rústica Capela dos Reis Magos, con un retablo flamenco del siglo XVI con escenas del Nacimiento.

⑦ Lugar de Baixo
MAPA D5

El centro de visitantes en la laguna cuenta con imágenes de las aves salvajes que visitan esta costa, aunque es más habitual ver patos domésticos.

⑧ Prazeres
MAPA B3

Lo más destacado de este pueblo es el camino bordeado de flores a lo largo de la Levada Nova. Un cura local ha instalado una granja frente a la iglesia.

⑨ Paul do Mar
MAPA A3

Para llegar a este pueblo pesquero (y surfero) merece la pena tomar la serpenteante carretera desde Fajã de Ovelha y hacer un alto para ver el imponente barranco de Galinas.

⑩ Fajã dos Padres
MAPA E5 ■ Rua Padre António Dinis Henriques 1, Fajã dos Padres ■ 291 944 538 ■ www.fajadospadres.com

Un teleférico lleva a los visitantes hasta un restaurante en una playa de guijarros frente a viñedos y huertos.

➤ *Ver mapa en p. 86*

Dónde comer

PRECIOS
Una comida de tres platos con media botella de vino (o equivalente), servicio e impuestos incluidos.

€ menos de 25 € ■ €€ 25-60 € ■ €€€ más de 60 €

① Convento das Vinhas, Calheta

MAPA B4 ■ Caminho Lombo do Salão 35 ■ 291 822 164 ■ Cerrado ma ■ €€

Esta casa de comidas familiar ofrece clásicos portugueses y madeirenses, entre los que se halla una delicia local, filete de pez espada.

② Restaurante O Forno, Ponta do Pargo

MAPA A2 ■ Estrada Regional 101, 316 ■ 291 098 341 ■ Cerrado do y lu ■ €€

Este restaurante familiar de la costa oeste ofrece una mezcla de platos tradicionales de barbacoa y delicias mexicanas, además de opciones vegetarianas y veganas.

③ O Cachalote, Porto Moniz

MAPA C1 ■ Praia do Porto Moniz ■ 291 853 180 ■ Solo comidas ■ €€

Con las piscinas naturales a la vista, este restaurante recibe grupos turísticos. El menú incluye especialidades regionales y delicioso marisco.

④ Orca, Porto Moniz

MAPA C1 ■ Rotunda das Piscinas ■ 291 850 000 ■ €

En este café, que también vende *souvenirs*, hay una selección de tablas de queso y tapas muy bien presentadas, además de una carta de vinos sorprendentemente ecléctica.

⑤ Solar dos Prazeres, Prazeres

MAPA B3 ■ Lombo da Rocha ■ 962 735 280 ■ Cerrado ma ■ €€

En este famoso restaurante se puede disfrutar de unas vistas espléndidas, mientras se saborea el bacalao a la parrilla y la *espetada* de carne.

⑥ Quebramar

MAPA E2 ■ Sítio do Calhau, São Vicente ■ 291 842 338 ■ Cerrado lu comidas ■ €

Situado en el paseo marítimo, entre sus deliciosos platos se encuentran los filetes de atún y tiernos medallones de cerdo.

⑦ O Manjerico, Arco da Calheta

MAPA B3 ■ Caminho da Referta, Pico Prazeres ■ 965 012 904 ■ €€

Conocido por su pollo relleno, este restaurante familiar está un poco alejado, pero merece la pena el desvío. Llamar para reservar.

⑧ Cantinho da Madalena

MAPA C4 ■ Avenida 1 de Fevereio 2, Madalena do Mar ■ 291 624 621 ■ €€

Siéntese en la terraza de este local favorito y disfrute de una comida típica de Madeira.

⑨ Borda d'Água, Ribeira Brava

MAPA D5 ■ Rua Engenheiro Pereira Ribeiro ■ 291 952 066 ■ Cerrado ma (oct-mar) ■ €€

El pescado fresco y un excelente marisco están presentes en la carta de este restaurante frente al mar. Ofrece opciones vegetarianas.

⑩ Casa de Chá O Fio, Ponta do Pargo

MAPA A2 ■ Ponta do Pargo ■ 291 882 525 ■ Cerrado: med nov-med dic ■ €

Muchos llegan hasta aquí para degustar sopas caseras y comidas ligeras.

Casa de Chá

TOP 10 Este de Madeira

La mayoría de los visitantes vislumbra el este de Madeira al sobrevolar Machico (la segunda ciudad más poblada), y durante el trayecto desde el aeropuerto a Funchal por la autopista de la costa sur. Sin embargo hay vastas extensiones donde no llegan las carreteras, como en la costa norte, con sus senderos, acantilados, la histórica localidad ballenera de Caniçal, la encantadora ciudad de Santa Cruz y el paisaje de la meseta de Santo da Serra, de donde sale el mimbre de la isla.

Acantilados de Ponta de São Lourenço

① Ponta de São Lourenço
MAPA M4

La larga y estrecha cadena de riscos y barrancos volcánicos erosionados en el extremo este de Madeira constituye un espectacular paraje, protegido como reserva natural por su flora costera. Esta rocosa península se puede explorar por la ruta que arranca en el aparcamiento al final de la carretera de la costa sur.

ESTE DE MADEIRA

Penha de Águia 590 m
Moinhos
Baixa de Fora
Porto da Cruz
Ponta do Espigão Amarelo
Cruzinhas
São Roque do Faial
ER211
Maiata
Achada do Cedro Gordo
Referta
Serrado
Pico da Coroa 738 m
VR1
Portela
⑥
Fajã dos Rolos
Ribeira de Machico
Maroços
Ribeira Seca
ER214
Ponta de São Lourenço ①
ER214
Pico do Suna 1.131 m
⑤
Santo António da Serra
⑦
⑦ ⑨
④
⑨ Caniçal
② ⑥
ER202
Machico
⑤
ER207
Santo da Serra
João Ferino
Achada do Moreno
Terça
Água de Pena
Choupana
Águas Mansas
Santa Cruz
ER110
Boaventura
Aeropuerto Internacional Cristiano Ronaldo
Rochão
ER203
①
⑧
③
Santa Cruz
⑩ Camacha
Gaula
Porto Novo
Vale Paraíso
ER205
São João de Latrão
Assomada
Porto Novo
Figueirinhas
Cancela
Tendeira
Praia dos Reis Magos
VR1
⑤
⑧ Caniço de Baixo
Garajau
⑩ ③

0 km   2
Ilhas Selvagens

Imprescindible
① ver pp. 95-97

Dónde comer
① ver p. 99

Ilhas Desertas
Ilhéu da Cevada
Ilhéu do Farol
Ilhéu de Chão
Ilhas Desertas ②
Deserta Grande
Zona del mapa principal
Ilhéu Bugio

0 km   15

***Páginas anteriores** Casa tradicional en forma de A, Santana*

2 Ilhas Desertas
MAPA J1

La Ponta de São Lourenço se extiende bajo el agua hasta las islas Desiertas; ambas pertenecen a la misma formación volcánica. Estos islotes deshabitados por el hombre albergan todo tipo de animales poco comunes y en peligro de extinción, como arañas, focas monje, paíños y pardelas. Para ver las islas de cerca se puede contactar con las compañías navieras del puerto de Funchal; muchas de ellas organizan excursiones de un día *(ver p. 57)*.

3 Santa Cruz
MAPA K5 ▪ Autobuses SAM 20, 23, 53, 60, 78, 113 y 156

Santa Cruz es una ciudad con gran carácter y sorprendentemente tranquila, dada su cercanía al aeropuerto. Sus mayores atractivos son la playa y el paseo marítimo, lleno de cafés y pastelerías, y el Palmeiras Beach Lido, pintado de azul y crema al estilo *art déco*. De espaldas a la playa, en medio de un laberinto de callejones, se alza una iglesia gótica del siglo XV tan espléndida como la catedral de Funchal; y quizás, aunque no se sabe a ciencia cierta, diseñada por el mismo arquitecto *(ver p. 12)*.

Fortaleza de Machico

4 Machico
MAPA K4 ▪ Autobuses SAM 20, 23, 53, 78, 113, 156

Aquí pisó tierra Zarco en 1420. La capilla que fundó *(ver p. 47)* se halla en el lado este del puerto. Una estatua del primer gobernador de Machico, Tristão Vaz Teixeira, se levanta frente a la bella iglesia parroquial del siglo XV, en la plaza mayor. Desde aquí, varios callejones adoquinados llevan a la fortaleza, frente al mar. Merece visita el Museu Solar do Ribeirinho, en una mansión del siglo XVII.

Tomando el sol en la playa de la agradable ciudad de Santa Cruz

5 Garajau
MAPA J6

En 1927 se erigió una versión reducida de la estatua de Cristo Redentor de Río de Janeiro en un promontorio rocoso al sur de Garajau. Los charranes (*garajau* en portugués) que dieron su nombre al pueblo todavía se pueden ver desde un camino en zigzag que desciende por el acantilado hasta una playa de guijarros. Cuevas submarinas y arrecifes rebosantes de vida forman una reserva marina protegida que se extiende a lo largo de 2 km *(ver p. 98)*.

Estatua del Cristo Redentor, Garajau

6 Portela
MAPA J4 ■
Autobuses SAM 20, 53 y 78

El mirador de Portela acoge muchos cafés, ya que en el pasado fue el núcleo de los transportes del este de la isla. Esta situación cambió con la construcción de los túneles que unen São Roque de Faial con Machico. Hoy Portela constituye un punto de referencia para los senderistas. Se puede andar en dirección sur, hacia Porto da Cruz *(ver p. 84)*, por el camino que empleaban los enólogos; o hacia el oeste por la Levada da Portela, hasta Ribeiro Frio *(ver p. 83)*.

Porto da Cruz vista desde Portela

7 Santo António da Serra
MAPA J4 ■ Autobús Horários do Funchal 77; autobuses SAM 20, 25 y 78

Este pueblo (conocido como Santo da Serra) se asienta en medio de una meseta cubierta por campos de golf *(ver p. 57)*. A pesar de que el cielo suele estar nuboso, los ricos mercaderes ingleses construyeron en la zona casas de campo; una de las antiguas fincas de la familia Blandy *(ver p. 17)* es hoy un parque público con camelias, hortensias, rododendros, ciervos y caballos, y miradores hacia la Ponta de São Lourenço. Los domingos hay un mercado tradicional cerca del parque, donde se pueden degustar delicias locales como la sidra casera.

8 Caniço de Baixo
MAPA J6 ■ Galomar Lido: horario: 9.00-19.00 todos los días (hasta 18.00 nov-may); se cobra entrada

Antes de salir hacia esta villa situada en un acantilado, se recomienda parar para admirar la decoración barroca de la iglesia del siglo XVIII de Caniço, Igreja Matriz, en la Rua Jao Paulo II. A la diminuta Praia da Canavieira se llega por un callejón que sale de la Rua da Falésia. Previo pago se puede acceder a Galomar Lido; también acoge el Manta Diving Centre, que organiza inmersiones en la reserva marina de Garajau.

⑨ Caniçal
MAPA L4 ■ **Autobús SAM 113**

Caniçal fue un antiguo puerto ballenero. En 1956, Jonh Huston vino aquí para rodar las primeras escenas de *Moby Dick*, pero su protagonista, Gregory Peck, se mareó tanto que tuvieron que filmar el resto de la película en un estudio. El Museu da Baleia *(ver p. 49)* explica con una exposición interactiva y en 3D cómo la preservación ha sustituido a la captura.

Trabajos en mimbre, Camacha

⑩ Camacha
MAPA J5 ■ **Autobuses Horários do Funchal 77, 110, 113 y 129**

Un monumento en el centro de Camacha recuerda que el primer partido de fútbol jugado en Portugal se disputó aquí en 1875. El pueblo se ha ganado merecida fama por su industria de cestos de mimbre, y en las calles suele haber artesanos haciendo demostraciones de su trabajo. Hay también algunas rutas de senderismo que pasan por aquí, como La Levada dos Tornos y la Levada do Caniço, todas con fantásticas vistas y abundancia de flora y fauna.

> #### ILHAS SELVAGENS
>
> Las islas Salvajes, declaradas reserva natural, forman parte del archipiélago de Madeira. Se encuentran 285 km al sur de la isla de Madeira y 165 km al norte de la isla de Tenerife. Estos islotes volcánicos, reclamados por Portugal en 1458, albergan las colonias de pardelas y paíños más numerosas de Europa. Desde 1976 se instalaron aquí los Vigilantes da Natureza, cuya misión principal es la protección de la avifauna.

UN DÍA EN EL ESTE DE MADEIRA

▶ MAÑANA

Después de desayunar en Funchal, tome la carretera de la costa sur, coja la salida de São Gonçalo y diríjase a **Camacha**. La empinada carretera da mil curvas antes de alcanzar Camacha, famosa por el mimbre –suele haber demostraciones de este trabajo en las calles–. Continúe hasta **Santo António da Serra** para dar un paseo por el parque forestal. Después siga a través del pueblo y gire a la izquierda donde la carretera se desvía hacia **Machico** *(ver p. 95)*, conocido por la **Capela dos Milagres** *(ver p. 47)*, y la playa de arena Banda d'Além *(ver p. 52)*. Después de ver el pueblo vaya a comer a **Maré Alta** *(ver p. 99)*.

TARDE

En el camino hacia **Caniçal** se encuentra el **Museu da Baleia** *(ver p. 49)*. Si hace calor y sol hay una bonita playa en la cercana **Prainha** *(ver p. 52)* para relajarse. Un poco más adelante está Baja D'Abra, el punto de partida de uno de los paseos de costa más estimulantes de Madeira, el sendero de **Ponta de São Lourenço** *(ver p. 54)*. Dependiendo de sus planes puede hacer toda la ruta hasta Morro do Furtado y volver, una excursión de 8 km de unas cuatro horas de duración. Otra opción es seguir el sendero más corto hasta Seahorse Rocks, donde encontrará vistas de postal, y regresar en una hora. Vuelva a Funchal y salga de la carretera de la costa sur en **Santa Cruz** *(ver p. 95)* para tomar un refrigerio.

Ver mapa en p. 94 ←

Reserva Marina de Garajau

Macho de foca monje mediterránea

① Foca monje mediterránea

Uno de los mamíferos más amenazados de Europa. La foca monje se ha convertido en un visitante cada vez más asiduo de la reserva. Esbelta, ágil y tímida, es más fácil verlas durante la travesía a Ilhas Desertas (ver p. 95), donde hay una colonia de unos 30 ejemplares.

② Mero

El fondo marino rocoso es el hábitat ideal para estos peces. Curiosos por naturaleza, a menudo nadan a un palmo de distancia de los buceadores.

③ Cachalote

Residente permanente de las aguas de Madeira, es más probable verlos de marzo a septiembre en las excursiones de avistamiento de cetáceos (ver p. 58).

④ Pez trompeta

A menudo se le ve nadar en vertical, confundiéndose con el coral. El color de estos peces con forma de lápiz varía del marrón al verde o el amarillo. Se camuflan muy bien.

⑤ Delfín mular

Viven aquí todo el año, pero aumenta su número entre marzo y octubre. Se ven manadas de estos mamíferos inteligentes por toda la reserva. Sociables y juguetones, se observan mejor como parte de una excursión marina organizada (ver p. 57).

⑥ Manta raya atlántica

Bucear junto a estos majestuosos peces y verlos deslizarse con tanta gracia, abanicando el agua sin esfuerzo, es un verdadero placer. Sus aletas pectorales triangulares pueden abarcar hasta 7 metros de ancho.

⑦ Tortuga boba

Con su lento y pausado movimiento, esta criatura siempre parece como si no le importara nada en el mundo. Se las ve a menudo cerca de la superficie. Las tortugas bobas son consideradas una especie en peligro de extinción y la reserva les proporciona un santuario seguro.

⑧ Pez loro mediterráneo

Este pez de colores extravagantes le puede alegrar incluso el día más aburrido. Se distingue por su vivo color escarlata con ribetes amarillos y bandas azul plateadas. Es una especie de una fotogenia maravillosa.

⑨ Petrel freira

Originario de Madeira, es una de las aves marinas en mayor peligro de extinción de Europa. Tiene un vuelo elegante y se la ve en el mar durante el día. Solo se acerca a la costa de noche para anidar en las altas montañas interiores.

⑩ Pardela capirotada

Es uno de los seis tipos de pardelas que se pueden observar frente a las costas de Madeira. Se avista ocasionalmente en el estrecho entre la isla y las Ilhas Desertas.

Ver mapa en p. 94

Dónde comer

(1) Abrigo do Pastor, Camacha

MAPA J5 ■ Estrada das Carreiras 209 ■ 291 922 060 ■ €€

Disfrute de la suculenta comida de campo casera en este restaurante rústico. Destacan los postres como la tarta de manzana *(ver p. 61)*.

(2) Muralha's Bar, Caniçal

MAPA L4 ■ Rua da Pedra d'Eira ■ 291 961 468 ■ €

Comida sencilla pero verdaderamente deliciosa. Pruebe el plato de lapas a la parrilla con zumo de limón con una cerveza fría. Está cerca del Museu da Baleia *(ver p. 49)*.

(3) Atlantis, Caniço de Baixo

MAPA J6 ■ Ponta D'Oliveira ■ 291 930 930 ■ €

El restaurante parece tallado en el acantilado y se come con el sonido del océano tronando en los oídos. Los mariscos son excelentes.

(4) Frente ao Sol, Caniçal

MAPA L4 ■ Sítio da Cerca ■ 291 961 935 ■ Cerrado lu y ma ■ €€

Pescado y marisco a la parrilla, sobre todo pulpo, destacan en el menú de este local de ambiente agradable.

(5) Avó Micas, Santo da Serra

MAPA J4 ■ Porto Bay Serra Golf Hotel, Sítio dos Casais Próximos ■ 291 550 500 ■ Solo cenas ■ €€

Esta casa de comidas sirve sabrosos platos de Madeira, entre ellos cerdo marinado en vino y ajo. Reservar es imprescindible.

(6) Bar Amarelo, Caniçal

MAPA L4 ■ Caniçal ■ Cerrado ma ■ 291 961 798 ■ €€

Esta joya del puerto con decoración de acero y piedra caliza ofrece arroces, estofados y pescado a la parrilla.

PRECIOS

Una comida de tres platos con media botella de vino (o equivalente), servicio e impuestos incluidos.

€ menos de 25 € ■ €€ 25-60 € ■ €€€ más de 60 €

(7) Mercado Velho, Machico

MAPA K4 ■ Rua do Mercado ■ 291 961 129 ■ €

El patio de la antigua lonja de Machico alberga un restaurante al aire libre que sirve pescado y carne a la parrilla.

(8) O Cesto, Camacha

MAPA J5 ■ Rua Maria Ascensão 93 ■ 291 961 068 ■ Cerrado cenas y ju ■ €€

Recetas de Madeira regadas con *poncha (ver p. 65)* en esta taberna familiar. Las especialiddes incluyen guisos de carne y sopa de trigo (con verduras y productos del cerdo).

(9) Maré Alta, Machico

MAPA K4 ■ Largo da Praça ■ 291 607 126 ■ €

Sus ventanas tienen amplias vistas al puerto y su comida procede del océano, fresca y rápidamente servida. Opte por una mesa en la terraza.

(10) La Perla, Caniço de Baixo

MAPA J6 ■ Hotel Quinta Splendida, Estrada da Ponta Oliveira 11 ■ 291 930 400 ■ Horario: mi-do solo cenas ■ €€€

El *risotto* de marisco al champán y el filete de ternera con romero son ejemplo de la carta internacional de La Perla *(ver p. 60)*.

La Perla en Caniço de Baixo

🔟 Porto Santo

Porto Santo se encuentra a 43 km al noreste de Madeira. Zarco y su tripulación se detuvieron aquí en 1418, de camino a la costa occidental de África. Se percataron de que podía tener cierto valor como base y regresaron en 1419 para levantar la bandera portuguesa aquí y en Madeira (que colonizaron al año siguiente). Los primeros colonos introdujeron conejos y cabras, que acabaron pronto con la vegetación de la isla; por eso Porto Santo no es tan verde como Madeira. Sin embargo, la isla Dorada posee una magnífica playa de arena, que atrae a turistas en busca de sol y mar.

Hermosa arena dorada de la amplia playa de Porto Santo

PORTO SANTO

❶ **Imprescindible**
   ver pp. 101-103

① **Dónde comer**
   ver p. 105

Ilhéu das Cenouras

Pico Branco
450 m
Serra de Dentro

Porto das Salemas ❽
ER120

Fonte da Areia ❾   Camacha
Pico do Facho
516 m

Pico do Castelo ❹

Ponta do Varadouro

Farrobo

Ponta dos Ferreiros

Aeropuerto Porto Santo ✈

Dragoal

Serra de Fora

Tanque   Salões
Casinhas ❽

Calhau da Serra de Fora

Campo de Cima
Lombas

Vila Baleira

Ponta da Galé

① ❶①❸❻❻ ❻

❺

❹ ❼ Playa

Ilhéu de Cima

Ilhéu de Ferro

Pico de Ana Ferreira ❺
②②

Campo de Baixo

⑦
⑩ Cabeço da Ponta

Zimbralinho ❷   Ponta

Ponta da Calheta ⑩
③

Océano
Atlántico

Ilhéu de Baixo ou da Cal

↙ Funchal

0 kilómetros   2

1 Vila Baleira
MAPA L2

Toda la vida social de la isla se concentra en su capital, que se emplaza aproximadamente en la mitad de la costa sur. Varios cafés con terraza ocupan la plaza mayor, el Largo do Pelourinho (plaza de la Picota), donde se castigaba a los delincuentes y se leían las proclamas públicas. El ayuntamiento, con su escalera doble flanqueada por dragos, ocupa el lugar de la antigua picota. Enfrente, se halla un foso bordeado por piedra y cubierto de cristal que se empleaba antiguamente para almacenar grano.

Nossa Senhora da Piedade

2 Zimbralinho
MAPA K2

Zimbralinho, con sus azules aguas transparentes, es la más bonita de las calas rocosas de la costa oeste de la isla. La cala alcanza su mejor momento a la hora de comer. El sendero de acceso arranca del final de la carretera que lleva al Centro Hípico *(ver p. 104)* en el extremo occidental de la isla.

3 Nossa Senhora da Piedade
MAPA L2

Al este de la plaza mayor de Vila Baleira se alza la majestuosa iglesia parroquial de Nossa Senhora da Piedade, terminada en 1446. La bóveda de nervadura gótica y las gárgolas esculpidas con forma de cabezas animales y humanas es lo único que queda de la iglesia original, incendiada por los piratas y reconstruida en 1667. La pintura del altar (siglo XVII), que muestra el enterramiento de Cristo, es obra del artista portugués Martim Conrado. El artista alemán Max Römer *(ver p. 16)* pintó los santos de los laterales en 1945.

4 Pico do Castelo
MAPA L1

El monte más alto de la mitad oriental de Porto Santo se llama pico del Castillo. A pesar de su nombre, nunca albergó fortificación alguna. A partir del siglo XV se recurrió a él como refugio contra las incursiones piratas. De hecho, se instaló un cañón que todavía se conserva en un puesto de observación cercano a la cima. Hasta este punto llega una carretera adoquinada, que pasa por una ladera reforestada, que ha dado a la zona un aspecto más verde.

Laderas verdes de Pico do Castelo

Columnas de roca con forma de tubo de órgano en el Pico de Ana Ferreira

⑤ Pico de Ana Ferreira
MAPA K2

Porto Santo está formado por un collado rodeado por dos grupos de montes volcánicos con formas cónicas. En la mitad oeste, se alza el Pico de Ana Ferreira (283 m), el más alto de la isla. Una carretera sube por la ladera sur y llega hasta la iglesia de São Pedro, del siglo XVII. En este punto, nace una pista que rodea el pico hasta una cantera abandonada con una interesante formación de columnas de basalto prismático con un apropiado nombre: Tubos de Órgano.

⑥ Casa Museu Cristóvão Colombo
MAPA L2 ▪ Travessa da Sacristia 2-4 ▪ 291 983 405 ▪ **Horario:** 10.00-12.30 y 14.00-17.30 ma-sá (hasta 19.00 jul-sep), 10.00-13.00 do ▪ Se cobra entrada ▪ www.cultura.madeira.gov.pt/ casacolombo-museu-do-porto-santo

Cristóbal Colón (1451-1506) llegó a Madeira en 1478 como agente de un comerciante de azúcar de Lisboa. En la isla conoció a Filipa Moniz, hija del gobernador de Porto Santo, y se casó con ella. Su hijo nació en 1479, pero Filipa falleció poco después del parto. Colón abandonó el archipiélago en 1480. La casa donde se dice que vivió el matrimonio acoge hoy un museo con retratos de Colón, mapas de sus viajes y maquetas de sus navíos.

⑦ Playa
MAPA L2

Hace millones de años, la piedra caliza, arenisca y coral se depositaron sobre las rocas volcánicas de Porto Santo, bajo un mar cálido y poco profundo. El descenso del nivel del mar expuso el coral a la erosión, y como resultado hoy una franja de arena de 10 km recorre la costa sur de la isla. Protegida por dunas y tamariscos, la orilla se divide en diversas playas, de las cuales Fontinha y Ribeiro Salgado han sido galardonadas con la bandera azul por su calidad medioambiental. Además se dice que enterrarse en su arena alivia el reumatismo y la artritis.

⑧ Porto das Salemas
MAPA L1 ▪ Camacha ▪ **Horario:** todos los días

Esta joya oculta está en la costa norte de la isla, cerca de Camacha. Una empinada senda conduce a los visitantes a una serie de piscinas naturales de aguas cristalinas al pie del acantilado. Aunque es popular entre la población local, sigue siendo

Casa de Cristóbal Colón

bastante poco conocida entre los visitantes. El acceso se hace únicamente a pie, por una senda sin asfaltar, así que conviene llevar calzado apropiado. Para nadar en las piscinas naturales es mejor ir con marea baja.

Fonte da Areia
MAPA L1

En el pasado brotaba agua directamente de los acantilados de arenisca en la Fonte da Areia, pero en 1843 se encauzó el manantial. Una vez que la fuente esté en pleno funcionamiento, los visitantes podrán degustar el agua mineral natural filtrada por la roca. El sendero de acceso a la fuente atraviesa un barranco erosionado por el viento en cuyas paredes se alternan estratos de roca dura y blanda.

AGUA, VINO Y CAL

El agua, el vino y la cal sustentaban la economía de Porto Santo. El agua mineral se embotellaba en la fábrica situada frente al acceso al hotel Torre Praia. La cal viva, obtenida en hornos como el de Torre Praia, y se exportaba. Aún se puede comprar el vino local *listrão branco,* aunque su producción se va reduciendo cada año.

Ponta da Calheta
MAPA K2

El extremo occidental de la isla es un bello lugar, con una serie de calas de arena a las que se llega tras abrirse paso con dificultad entre las rocas. Desde el bar-restaurante situado al final de la carretera de la costa se ve el Ilhéu de Baixo, un alargado islote deshabitado al suroeste de Porto Santo. En el horizonte también se divisa Madeira, a menudo cubierta de nubes.

Playa rocosa en Ponta da Calheta

UN DÍA EN PORTO SANTO

MAÑANA

Para realizar este recorrido alquile un coche o moto *(ver p. 104),* aunque también se puede hacer en taxi. Hay que salir de **Vila Baleira** *(ver p. 101)* en dirección noreste hasta llegar al mirador de **Portela** *(ver p. 96).* Aquí se ven tres molinos de viento. La carretera bordea el extremo oriental de la isla y gira a la derecha para llegar a la playa de Serra de Fora. Unos 2 km al norte se encuentra Serra de Dentro, que posee varias casas tradicionales de piedra; el Pico Branco ofrece bellas vistas del lugar. En el cruce de Camacha, la pista transitable que sale a la izquierda conduce al **Pico do Castelo** *(ver p. 101).* Desde el mirador de la cima se obtiene una buena panorámica del centro de la isla. En Camacha hay varios cafés donde se puede comer.

TARDE

La primera parada tras el almuerzo son las piscinas naturales de **Porto das Salemas.** Después se continúa hacia **Fonte da Areia.** A pesar de su aspecto árido, Porto Santo alberga varios manantiales como este. Junto al aeropuerto verá algunos de los viñedos aún productivos. Tome la carretera del **Pico de Ana Ferreira** y continúe a pie para contemplar las extraordinarias columnas de basalto. De nuevo en el coche diríjase al extremo occidental, a **Ponta da Calheta.** Si tiene tiempo, puede tomar algo en **O Calhetas** *(ver p. 105)* o darse un baño antes de regresar a Vila Baleira.

Ver mapa en p. 100 ←

Actividades y deportes

① Recorrido turístico

Moinho Rent-a-car: MAPA L2; 291 982 141

Las rutas en autobús descubierto durante dos horas comienzan todos los días a las 14.00 en la parada situada junto a la gasolinera del lado este del embarcadero.

Autobús turístico de Porto Santo

② Turismo en coche

Moinho Rent-a-Car: MAPA L2; 291 982 141

Los taxis ofrecen recorridos por la isla. Se puede alquilar un coche en Moinho Rent-a-Car.

③ Turismo sobre dos ruedas

Auto Acessórios Colombo: MAPA L2; www.aacolombo.com ■ Porto Santo Line: MAPA L2; 291 210 300

Auto Acessórios Colombo alquila bicicletas, motos y *quads.* Se pueden alquilar bicicletas a través de Porto Santo Line. A la llegada a Porto Santo se recogen y se devuelven en el muelle antes del trayecto de regreso.

④ Excursiones

MAPA M1

El sendero que lleva a la cima de Pico Branco, el segundo más alto de Porto Santo, ofrece buenas vistas de la isla.

⑤ Deportes náuticos

Mar Dourado: MAPA L2; 963 970 789

Mar Dourado, en la Praia da Fontinha, debajo del hotel Torre Praia, alquila hidropedales y piraguas, y organiza actividades como parapente, esquí acuático, windsurf y excursiones en barco.

⑥ Tenis

Porto Santo Tennis Academy: MAPA L2; Campo de Baixo; 291 983 274

Cuenta con instalaciones para la competición. El complejo principal tiene seis pistas.

⑦ Buceo

Porto Santo Sub: MAPA L2; 916 033 997; wwwporto santosub.com ■ Rhea Dive: MAPA L2; Hotel Pestana Colombos; 969 333 777

Gracias a las aguas impolutas y a la ausencia de pesca comercial, en las costas de Porto Santo abunda la vida submarina. Contacte con Porto Santo Sub, en el puerto, o Rhea Dive.

⑧ Equitación

Hipicenter: MAPA K2; Sítio da Ponta; 925 643 123

En Porto Santo Hipicenter ofrece clases de todos los niveles para niños y adultos.

⑨ Compras

Centro do Artesanato: MAPA L2; junto al muelle

Conchas, barcos en miniatura y otros recuerdos de temática náutica son la especialidad de las tiendas de artesanía concentradas en el Centro do Artesanato.

⑩ Golf

Porto Santo Golfe: MAPA L2; Sítio das Marinhas ■ 291 983 778

Diseñado por Severiano Ballesteros, Porto Santo Golfe cuenta con un campo de 18 hoyos, par 72 y uno de 9 hoyos, par 3.

Campo de golf de Porto Santo

Dónde comer

PRECIOS
Una comida de tres platos con media botella de vino (o equivalente), servicio e impuestos incluidos.

€ menos de 25 € ■ €€ 25-60 € ■ €€€ más de 60 €

1 Pé na Água, Vila Baleira
MAPA L2 ■ Sitio das Pedras Pretas Estrada Nacional 111 ■ 291 983 303 ■ Cerrado 24-26 dic y med ene ■ €€

No tiene un pie en el agua, como dice su nombre, pero sí está ubicado sobre la arena. Ofrece arroz con mariscos, pescado a la parrilla y pinchos de carne de vaca.

2 Vila Alencastre, Porto Santo
MAPA L2 ■ Estrada da Calheta, Campo de Baixo ■ 291 985 072 ■ Cerrado ma ■ €€

Filete de peixe-espada com banana y arroz de pato son dos de las especialidades de este restaurante.

3 Restaurante O Calhetas, Ponta da Calheta
MAPA K2 ■ Cabeça da Ponta ■ 291 985 322 ■ €€

Este restaurante tiene un emplazamiento envidiable en el extremo oeste de la isla, sobre Ponta da Calheta. Pruebe los espaguetis con marisco.

4 Bar O Girassol, Campo de Baixo
MAPA L2 ■ ER111, Porto Santo ■ 291 984 629 ■ Cerrado do ■ €

Abierto en 1983, este bar es conocido por sus samosas, hechas con verduras o pollo. Se pueden acompañar con una cerveza fría.

5 Restaurante Porto Santo Golfe
MAPA L2 ■ Sítio das Marinhas ■ 291 983 778 ■ €€

El menú incluye muchas opciones vegetarianas dentro de una carta mediterránea clásica. Las mesas de la terraza ofrecen bonitas vistas del campo de golf.

6 Salinas, Vila Baleira
MAPA L2 ■ Rua Goulart Medeiros (parte del hotel Torre Praia) ■ 291 980 450 ■ €€

Este estiloso local frente al mar es conocido por sus brochetas a la parrilla, el sable negro con plátano y el estofado de pulpo.

7 Adega das Levadas, Miradouro das Flores
MAPA K2 ■ Sítio da Ponta-Morenos ■ 291 982 557 ■ Cerrado med dic-1 ene ■ €

Negocio familiar conocido por su comida tradicional, preparada en parte con productos de su huerto.

8 Panorama Restaurant & Lounge Bar, Casinhas
MAPA L2 ■ Estrada Carlos Pestana Vasconcelos ■ 966 789 680 ■ Solo cenas ■ Cerrado lu ■ €€

Las vistas románticas hacen que comer aquí sea una ocasión especial.

Restaurante Panorama y sus vistas

9 Casa d'Avó, Campo de Baixo
MAPA L2 ■ Estrada da Calheta ■ 291 982 037 ■ Solo cenas ■ Cerrado do, med dic-med ene ■ €€

El ambiente hogareño asegura pasar una noche relajada y divertida. Se recomiendan los vinos locales.

10 Bar João do Cabeço
MAPA L2 ■ Sitio do Cabeço da Ponta ■ 291 982 137 ■ €

Este acogedor café en la carretera principal ER111 es muy popular, especialmente a mediodía.

Ver mapa en p. 100

Datos útiles

Taxis esperando clientes
en una calle de Funchal

Cómo llegar y moverse

Llegada en avión

El principal aeropuerto de Madeira es el **Aeropuerto Internacional Cristiano Ronaldo**, que se encuentra a 20 km del centro de Funchal y ofrece taxis y compañías de alquiler de automóviles nacionales e internacionales. **Tap Air Portugal** vuela directamente desde Lisboa y Oporto todos los días, y conecta la isla con los principales aeropuertos internacionales de Europa. **Azores Airlines** (SATA) tiene vuelos programados entre Funchal y Lisboa y Porto.

Desde España **Iberia** y **Vueling** ofrecen vuelos directos desde Madrid y Barcelona a Funchal. **Tap Air Portugal** también opera vuelos que aterrizan en Funchal previa escala en Lisboa. Las agencias de viajes *online* como **Kayak**, **Rumbo** o **Logitravel** ofrecen la mejor manera de verificar vuelos y precios, así como para reservar hoteles y coches de alquiler. El **aeropuerto de Porto Santo**, en el centro de la isla, no tiene transporte público: la única manera de llegar es en taxi. Hay taxis en la terminal. También puede organizar que lo recoja una empresa especialista en trasbordos. La web de **Visit Madeira** ofrece un enlace a servicios de taxi.

Llegada en barco

Varias compañías de cruceros incluyen Madeira en sus itinerarios, entre ellas **Princess Cruises** y **MSC Cruises.** La mayoría de los barcos pasan por Portugal continental, España o las islas Canarias.

Autobuses

Los autobuses son una forma económica y fácil de moverse por la isla, aunque los servicios están dirigidos especialmente a las horas punta de las 8.00-10.00 y de 16.00-19.00. **Horários do Funchal** opera todos los servicios urbanos de la ciudad, incluida la línea de minibuses adaptada a sillas de ruedas, Linha Eco. También ofrece servicios interurbanos en el centro de Madeira, incluyendo Santana (por Ribeiro Frio), Curral das Freiras y Camacha. Para viajar a destinos más al este, incluyendo Caniço, Santa Cruz y Machico, busque los autobuses de la empresa **Sam**, que también opera la concesión Aerobus, o **EACL**, que también llega a lugares como Garajau. **Rodoeste** ofrece servicios a lugares al oeste de Funchal, y a Porto Moniz y São Vicente en la costa norte.

En Funchal no existe una estación central de autobuses. En cambio, los autobuses salen desde diversos puntos del paseo marítimo (Avenida do Mar). Los puntos de partida de las rutas interurbanas se encuentran en la Zona Velha y muchos autobuses de Rodoeste paran en la zona de hoteles (Lido).

Los billetes de autobús los suele vender el conductor. Los Horários do Funchal ofrecen una tarjeta Giro. Se adquiere en las taquillas y las máquinas situadas cerca de la Zona Velha o la Avenida do Mar.

Cuesta 0,50 € y hay que recargarla. Hay pasajes para uno y tres días.

En coche

Alquilar un coche proporciona una mayor flexibilidad. De todos modos, tenga en cuenta que en Funchal es difícil aparcar y que hay parquímetros. La opción más conveniente son los aparcamientos subterráneos.

Todas las empresas internacionales de alquiler de coches tienen oficinas en el aeropuerto y en el centro de la ciudad. Las empresas de alquiler de coches locales, como **Rodavante** y **Five Rent a Car** a menudo tienen mejores tarifas.

Taxis

En Madeira hay taxis por todas partes. En Funchal las tarifas las establece un taxímetro. Para salir fuera de la ciudad hay que establecer el precio de antemano. Hay precios establecidos para ciertas rutas que se muestran en el respaldo del conductor o frente al asiento del pasajero. La bajada de bandera es de 2,50 €, 3 € por la noche y los fines de semana. Además, hay que pagar por exceso de equipaje (las sillas de ruedas están exentas de pago). Hay empresas como **TaxiMadeira** que aceptan reservas o viajes personalizados de medio día o día completo. Los taxis pueden solicitarse por teléfono o a través de la aplicación **Taxiin. Bolt** también opera en la isla, pero cubre sobre todo los alrededores de Funchal.

En bicicleta y en ciclomotor

El alquiler de bicicletas convencionales es muy limitado, pero los visitantes pueden decantarse por una bicicleta eléctrica para hacer los recorridos y subir las cuestas de manera más relajada. Estas bicicletas tienen un alcance medio de unos 25 km. Pueden alquilarse en **E-Bike Madeira**. También se pueden alquilar bicicletas de montaña en **Freeride Madeira.** Alquilar una moto es una alternativa muy popular para desplazarse, aunque tiene que tener en cuenta las carreteras empinadas, las curvas cerradas y lo impredecible que es el tiempo.

Porto Santo en avión

BinterCanárias opera vuelos diarios entre Madeira y Porto Santo. El pasaje de ida y vuelta cuesta unos 130 €. Tap Air Portugal hace varios vuelos a la semana entre Lisboa y la isla, y también vuela a Porto Santo durante el verano.

Porto Santo en barco

Hay ferris modernos a Porto Santo operados por **Porto Santo Line** con cine, restaurantes y salones de primera y segunda clase. El viaje dura dos horas y media. Los barcos salen a las 8.00 de Funchal y la hora de regreso depende del día de la semana y de la estación. Los billetes del ferri se pueden comprar *online*.

Ilhas Desertas en barco

Hay muchos servicios turísticos a las islas Desiertas. **Madeira Wind Birds** incide en avistamiento de aves y ballenas. Los guías de los cruceros **Ventura** son biólogos marinos y naturalistas. Ambas empresas salen del puerto deportivo de Funchal.

INFORMACIÓN

LLEGADA EN AVIÓN

Aeropuerto Internacional Cristiano Ronaldo
291 520 700
aeroportomadeira.pt

Aeropuerto de Porto Santo
291 520 700
aeroportoporto santo.pt

Azores Airlines
296 209 720
azoresairlines.pt

Iberia
902 400 500
iberia.com

Kayak
kayak.es

Logitravel
971 08 06 35
logitravel.com

Visit Madeira
visitmadeira.com

Rumbo
800 300 854
rumbo.es

Tap Air Portugal
211 234 400
flytap.com

Vueling
902 80 80 05
vueling.com/es

LLEGADA EN BARCO

MSC Cruises
msccruises.com

Princess Cruises
princess.com

AUTOBUSES

EACL
291 222 558
eacl.pt

Horários do Funchal
horariosdofunchal.pt

Rodoeste
rodoeste.com.pt

SAM
291 201 151
sam.pt

EN COCHE

Five Rent a Car
911 054 489
five-rentacar.com

Rodavante
291 742 448
rodavante.com

TAXIS

TaxiMadeira
912 000 625
taximadeira.com

Bolt
bolt.eu

Taxiin
taxiin.pt

EN BICICLETA Y EN CICLOMOTOR

E-Bike Madeira
926 672 808
ebikemadeira.com

Freeride Madeira
925 977 046
freeridemadeira.com

PORTO SANTO EN AVIÓN

BinterCanárias
291 290 129
bintercanarias.com

PORTO SANTO EN BARCO

Porto Santo Line
291 210 300
portosantoline.pt

ILHAS DESERTAS EN BARCO

Madeira Wind Birds
917 777 441
madeirawindbirds.com

Ventura
963 691 995
venturadomar.com

Información práctica

Documentación

Madeira es una región autónoma de Portugal, miembro de la Unión Europea (UE) y forma parte del espacio Schengen. Quienes no sean miembros del Espacio Económico Europeo (EEE), la UE o Suiza necesitan un pasaporte válido para entrar. Los españoles, así como el resto de ciudadanos del EEE, la UE y Suiza, solo precisan de su carné de identidad. Los ciudadanos de los demás países deben verificar en la embajada portuguesa más próxima las condiciones de entrada y salida. La página web de la **Secretaría de Estado para las Comunidades Portuguesas** explica los requisitos necesarios para solicitar un visado.

Consejos oficiales

Es importante tener en cuenta los consejos oficiales antes de viajar. Se pueden consultar las recomendaciones sobre seguridad, sanidad y otras cuestiones importantes tanto en la web del **Ministerio de Asuntos Exteriores de España** como en la de la **República Portuguesa**.

Información de aduanas

La web del **Aeropuerto de Madeira** ofrece información relativa a la legislación sobre bienes y divisas que se pueden introducir o sacar de Portugal. No hay límites en cuanto a la cantidad de alcohol y tabaco que se puede traer de los países de la UE para uso personal. Es ilegal exportar tallas de marfil y objetos hechos con dientes o huesos de ballena.

Seguros de viaje

Es recomendable contratar un seguro completo que cubra robos, pérdida de pertenencias, problemas médicos, cancelaciones y retrasos, y leerse la letra pequeña. Los turistas que vayan a realizar deportes de aventura deberían considerar coberturas extra.

La atención médica de urgencia en Madeira es gratuita para todos los ciudadanos de la UE, siempre que dispongan de la **Tarjeta Sanitaria Europea (TSE)**.

Salud

Madeira cuenta con un buen sistema sanitario en las principales ciudades, pero las instalaciones sanitarias suelen ser relativamente básicas fuera de las ciudades.

La atención médica de urgencia en Madeira es gratuita para todos los ciudadanos de la UE, siempre que dispongan de la **TSE (Tarjeta Sanitaria Europea)**. Hay que presentarla lo antes posible cuando se reciba tratamiento médico de urgencia. Es posible tener que pagar después del tratamiento y reclamar el dinero más tarde.

Los centros de salud (*centros de saúde*) proporcionan tratamientos que no sean de urgencia, pero lo más probable es que los pacientes extranjeros sean dirigidos a un departamento para pacientes externos del hospital.

Páginas web de clínicas para viajeros, como **NaTHNac**, son buenas fuentes de información. Si se precisa de un tratamiento médico de largo plazo, conviene confirmar que el hospital o clínica acepta el seguro médico. No se requiere ninguna vacuna para visitar Madeira.

A menos que se indique lo contrario, el agua del grifo es potable.

Para más información acerca de los requisitos de vacunación contra la COVID-19, consultar los consejos oficiales.

Tabaco, alcohol y drogas

Está prohibido fumar en la mayoría de los espacios públicos cerrados y es una infracción sancionable con multa, aunque algunos bares todavía lo permiten.

Es ilegal conducir bajo los efectos del alcohol. Las drogas están descriminalizadas, pero la posesión de pequeñas cantidades se considera un problema de salud pública y puede acarrear una pequeña multa.

Carné de identidad

La ley portuguesa obliga a llevar una identificación personal encima. Se acepta que sea una fotocopia, pero la policía puede exigir que se presente el original en comisaría.

Seguridad personal

Madeira es un lugar seguro, con índices bajos de criminalidad. De todos modos no deje objetos de valor sin atender y evite dejar objetos en los coches de alquiler, incluso en el maletero. Los posibles ladrones reconocen fácilmente los vehículos.

Para reclamar al seguro necesita un informe oficial de la policía que le dará la **policía de Funchal.** El robo o pérdida de documentos, como el pasaporte, también debe ser informado en su embajada.

Para llamar a los bomberos *(bombeiros)*, una ambulancia *(ambulância)* o la policía *(polícia)*, el **número de emergencias** es el europeo.

Los madeirenses son tolerantes y aceptan a las personas sin importarles su raza, género o sexualidad. La homosexualidad se legalizó en 1982 y, en 2010, Portugal se convirtió en el octavo país del mundo en reconocer el matrimonio entre personas del mismo sexo. En Madeira, aunque no hay bares gay, las personas LGTBIQ+ son bien recibidas en todos los locales.

Por su parte, las mujeres pueden sufrir comentarios machistas, sobre todo en las zonas turísticas. Si se siente amenazada, diríjase a la comisaría más cercana.

Viajeros con necesidades específicas

TAP Air Portugal, Azores Airlines (SATA) y otras aerolíneas ofrecen apoyo durante el vuelo y en tierra para personas con problemas de movilidad. Solicítelo en el momento de hacer la reserva. **TUR4all** ofrece a viajeros con necesidades específicas información sobre servicios de transporte, alquiler de elementos y reparación de sillas. **Disabled Holidays** señala los hoteles accesibles y ofrece seguro médico.

La mayoría de los autobuses son accesibles, incluyendo los minibuses Linha Eco. El teleférico a Monte *(ver pp. 34-35)* también está adaptado.

Alrededor de 2 km del sendero de Queimadas a Pico das Pedras es apto para sillas de ruedas.

La playa de Formosa en Funchal es ahora una *audioplaya.* Hay boyas con sensores delimitando la zona de baño y las personas invidentes usan un brazalete (dotado de sensor) para recibir datos de profundidad del agua y distancia a la playa. Se pueden consultar más detalles en la web de **Visit Funchal.**

INFORMACIÓN

CONSULADO

Consulado Honorario de España en Funchal (Madeira)
Rua das Mercês, 41
9000-224 Funchal (Madeira)
📞 291 006 530
Móvil: 963 837 789
Correo electrónico:
consulado.espanha.
madeira@gmail.com

DOCUMENTACIÓN

Secretaría de Estado para las Comunidades Portuguesas
🌐 vistos.mne.gov.pt

CONSEJOS OFICIALES

Ministerio de Asuntos Exteriores de España
🌐 exteriores.gob.es

República Portuguesa
🌐 portugal.gov.pt

INFORMACIÓN DE ADUANAS

Aeropuerto de Madeira
(Aeropuerto Internacional Cristiano Ronaldo)
🌐 aeroportomadeira.pt

SEGUROS DE VIAJE

Tarjeta Sanitaria Europea (TSE)
🌐 seg-social.es

SALUD

TSE (Tarjeta Sanitaria Europea)
🌐 seg-social.es

NaTHNac
🌐 nathnac.net

SEGURIDAD PERSONAL

Número de emergencias
📞 112

Policía de Funchal
Rua da Infância 28
📞 291 208 400

VIAJEROS CON NECESIDADES ESPECÍFICAS

Disabled Holidays
🌐 disabledholidays.com

TUR4all
🌐 tur4all.pt

Visit Funchal
🌐 visitfunchal.pt

Zona horaria

Madeira se rige por la hora del meridiano de Greenwich (GMT). Los relojes se adelantan una hora entre el último domingo de marzo hasta el último domingo de octubre, cuando se retrasan.

Dinero

La moneda de Portugal es el euro. La mayoría de los establecimientos aceptan tarjetas de crédito y débito. El pago *contactless* cada vez es más común en Madeira, pero siempre es una buena idea llevar algo de dinero en efectivo para las compras pequeñas. Lo normal es dejar un 10% de propina cuando se sale a cenar o se viaja en taxi; los porteros de hotel y el servicio de limpieza esperan recibir entre 1 y 2 € por maleta o día.

Dispositivos eléctricos

En Portugal se usan enchufes con dos clavijas redondas y un voltaje de 220 V. Según el país de procedencia, algunos visitantes necesitarán un adaptador. La mayoría de los baños de los hoteles tienen integrados adaptadores para maquinillas de afeitar eléctricas.

Teléfonos móviles y wifi

Para utilizar el teléfono móvil aquí, tendrá que estar equipado para las frecuencias GSM de 900 y 1.800 MHz. Los visitantes con tarifas de la UE podrán utilizar sus dispositivos en el extranjero sin verse afectados por las tarifas de itinerancia. Esto significa que pagará las mismas tarifas que en su país.

La mayoría de los hostales, pensiones y hoteles ofrecen wifi gratuito (los huéspedes reciben una contraseña). El acceso gratuito a Internet también está muy extendido, incluso en el aeropuerto, en la mayoría de los hoteles y en muchos bares, cafeterías y centros comerciales.

Correos

El servicio postal portugués se llama **CTT Correios de Portugal.** Los *correiros* (oficinas de correos) normalmente abren de 9.00 a 20.00 los días laborables y de 9.00 a 13.00 los sábados. El correo prioritario es el *correio azul,* y al ordinario se le llama *normal.* El *correio azul* debe introducirse en los buzones azules, y todos los demás en los rojos. La oficina central de correos de Funchal es **Correios** en la **Avenida Zarco.**

Clima

Madeira tiene un clima subtropical templado con temperaturas medias que oscilan entre los 17 ºC en febrero y los 23 ºC en septiembre. Octubre y marzo son los meses más lluviosos, especialmente en el norte de la isla. Porto Santo suele tener buen tiempo todo el año.

Horarios

Las tiendas normalmente abren entre 9.00 y 13.00; de 14.00 a 18.00 de lunes a viernes, y de 9.00 a 13.30 los sábados. En las ciudades principales las tiendas grandes no cierran al mediodía. Los grandes centros comerciales de Funchal, como **Forum Madeira** *(ver p. 77),* normalmente abren de 10.00 a 23.00, de lunes a viernes, y hasta las 24.00 los fines de semana y festivos. En zonas rurales lo normal es que las tiendas cierren los fines de semana.

Los horarios de los bancos son de 8.30 a 15.00 de lunes a viernes. Los museos generalmente abren de 10.00 a 12.30 y de 14.00 a 18.00. Algunos cierran los lunes.

COVID-19 Un aumento en el número de infectados puede conllevar cambios en los horarios y/o cierres. Consulte siempre antes de visitar museos, monumentos y lugares de reunión.

Información turística

En Funchal la principal **Oficina de Información Turística** se encuentra en la Avenida Arriaga. La página web **Visit Madeira** es una buena fuente de información y ofrece listas de viajes, alojamientos acreditados y sugerencias acerca de dónde ir y qué hacer. Otras páginas web útiles son **Madeira-Web, Madeira Promotion Bureau, Visit Funchal** y el blog **Madeira Island News.** La revista *online Madeira Live* incluye una cámara web en directo que transmite desde Funchal, mientras que **Net Madeira** ofrece vistas de toda la isla. *The Best of Madeira* es una guía gratis de restaurantes, bares y otros lugares de interés e incluye cupones de descuento.

Costumbres

Uno de los aspectos más atractivos de la vida en Madeira es el ritmo relajado que se aplica a cualquier actividad. Intente adaptarse a este ritmo.

Madeira es todavía profundamente católica. Al visitar edificios religiosos hay que guardar respeto y procurar llevar ropa que cubra rodillas y hombros.

Idioma

El lenguaje oficial de Madeira es el portugués. En la mayoría de los lugares turísticos se habla inglés, no así en las zonas rurales. Los madeirenses aprecian que el visitante intente hablar en portugués, aunque solo diga unas pocas palabras.

Impuestos y devoluciones

Quienes no sean residentes en la UE pueden reclamar el IVA (del 23%). Se puede pedir la devolución al dependiente (presentando el pasaporte y rellenando un formulario) o en la aduana al salir del país. En **Global Blue** se ofrecen más detalles.

Alojamiento

Navidad y Año Nuevo son temporada alta y los precios de las habitaciones son considerablemente más caros. En Semana Santa, Carnaval (febrero o marzo), julio y agosto también se reciben muchos visitantes. Junio puede ser sorprendentemente tranquilo. En Madeira la localización tiene una gran

influencia en el precio. Los hoteles del centro de la ciudad son menos caros que los lujosos hoteles de cinco estrellas en la Estrada Monumental al oeste de Funchal. Los precios bajan según uno se aleja del centro y de la costa.

Las casas rurales frecuentemente presumen de estar en edificios agrícolas reconvertidos que se han transformado en granjas o villas independientes. En **Madeira Rural** hay una lista de 20 de estas opciones. *Estalagens* y *pousadas* (posadas) o *quintas* (casas señoriales) son hoteles con un importante carácter histórico, y a menudo se encuentran propiedades con jardín. **Charming Hotels Madeira** ofrece varias opciones.

Las opciones de alojamiento y desayuno suelen ser *pensões* o *residencias*, que son casas de huéspedes limpias y básicas. Los viajeros con menos presupuesto encontrarán albergues en Funchal y alrededores. **Hostel World** ofrece una lista con las opciones más populares.

El *camping* Parque de Campismo de Porto Moniz, se encuentra en la Ribeira da Janela. Hay otro en Porto Santo en Fontinha, al lado de la playa. La acampada libre se permite en algunas zonas con un permiso. Se puede solicitar en el portal de servicios del Gobierno, **Simplifica Madeira.** **Madeira Camping** ofrece una lista de lugares. El *glamping* también se ha hecho muy popular en la isla, y la mayoría de las opciones se encuentran en los alrededores de Calheta y Ponta do Sol.

INFORMACIÓN

CORREOS

Correios Avenida Zarco
Avenida Zarco 9, Funchal
📞 291 202 830

CTT Correios de Portugal
🌐 ctt.pt

INFORMACIÓN TURÍSTICA

The Best of Madeira
🌐 bestguide.pt

Madeira Island News
🌐 madeiraislandnews.com

Madeira Live
🌐 madeira-live.com

Madeira Promotion Bureau
🌐 apmadeira.pt

Madeira-Web
🌐 madeira-web.com

Net Madeira
🌐 netmadeira.com

Oficina de información turística
Avenida Arriaga 16
⏱ Horario: 9.00-19.00 lu-vi
(hasta 15.30 sá, do y festivos);
cerrado 1 ene, Domingo de Pascua, 25 y 26 dic
🌐 visitmadeira.pt

Visit Funchal
🌐 visitfunchal.pt

Visit Madeira
🌐 visitmadeira.pt

IMPUESTOS Y DEVOLUCIONES

Global Blue
🌐 globalblue.com

ALOJAMIENTO

Charming Hotels Madeira
🌐 charminghotels madeira.com

Hostel World
🌐 hostelworld.com

Madeira Camping
🌐 madeiracamping.com

Madeira Rural
🌐 madeirarural.com

Simplifica Madeira
🌐 simplifica.madeira.gov.pt

Dónde alojarse

PRECIOS

Por habitación doble (con desayuno, si está incluido), impuestos y otros cargos.

€ menos de 100 €   €€ 100-200 €   €€€ más de 200 €

Hoteles con encanto

Funchal Design Hotel

MAPA P1 ▪ Rua da Alegria 4, 9000-040 Funchal ▪ 291 201 800 ▪ www.funchal designhotel.pt ▪ €
18 habitaciones, algunas con cocina, ofrece este hotel cercano al centro. Tiene restaurante.

Pestana Casino Park

PLANO Q1 ▪ Rua Imperatriz Dona Amélia, Funchal 9004-513 ▪ 291 209 100 ▪ www.pestana.com ▪ €€
Diseñado por el arquitecto Oscar Niemeyer, ofrece cenas con baile y espectáculo de cabaré. Los huéspedes pueden acceder al Casino da Madeira.

Castanheiro Boutique Hotel

PLANO P3 ▪ Rua do Castanheiro 31, Funchal 9000-081 ▪ 291 200 100 ▪ www.castanheiroboutique hotel.com ▪ €€
Este hotel de 81 habitaciones consta de cinco edificios. Destaca el interior decorado con antigüedades y muebles de época, y la piscina infinita de la azotea.

Porto Santa Maria

PLANO Q5 ▪ Avenida do Mar e das Comunidades Madeirenses 50, Funchal 9060-190 ▪ 291 206 700 ▪ www.portobay.com ▪ €€
Hotel solo para adultos situado al borde del agua a pocos minutos del casco antiguo. Los huéspedes disfrutan de vistas exclusivas al puerto, piscinas al aire libre y cubiertas, y de un encantador *spa*.

Quinta da Bela Vista

MAPA G6 ▪ Camino do Avista Navios 4, São Martinho, Funchal 9000-129 ▪ 291 706 400 ▪ www. belavistamadeira.com ▪ €€
La "Bella Vista" se refiere a los acantilados salvajes que tiene al este, pero también podría describir los hermosos jardines de esta casa señorial tradicional.

Quinta da Casa Branca

MAPA G6 ▪ Rua da Casa Branca 7, Funchal 9000-088 ▪ 291 700 770 ▪ www. quintacasabranca.com ▪ €€
Su casa señorial conserva el ambiente del siglo XIX, pero las habitaciones del ala moderna están inteligentemente integradas en los jardines con árboles.

Quinta das Vistas

MAPA H5 ▪ Camino de Santo António 52, Funchal 9000-187 ▪ 291 750 007 ▪ www.quintadas vistasmadeira.com ▪ €€
Como su nombre sugiere, esta casa señorial al estilo de 1930, completamente renovada, tiene vistas fabulosas a Funchal. Las zonas de palmeras y pulcros jardines son perfectas para relajarse.

Three House Hotel

PLANO P4 ▪ Rua Brigadeiro Oudinot 2, 9060-209 Funchal ▪ www. threehouse.com ▪ €€
En este hotel se celebran fiestas y actuaciones en directo. También hay una azotea con vistas a las montañas y a la bahía de Funchal. Los huéspedes pueden elegir entre habitaciones o apartamentos de diseño minimalista.

Quinta Mirabela

MAPA H5 ▪ Camino do Monte 105-107, Funchal 9050-288 ▪ 291 780 210 ▪ www.quinta-mirabela.com ▪ €€
El edificio, de 1888, ha sido remodelado con un diseño moderno. En la terraza con vistas puede disfrutar de su sabrosa cocina local e internacional.

The Vine

PLANO P2 ▪ Rua das Aranhas 27, Funchal 9000-044 ▪ 291 009 000 ▪ www. hotelthevine.com ▪ €€
Propiedad con un interior elegante y original en el centro de la ciudad. En el *spa* se hacen masajes con vino de Madeira, entre otras opciones. Una pequeña piscina y el restaurante UVA *(ver p. 79)* coronan la azotea.

Casa Velha do Palheiro

MAPA H5 ▪ Rua da Estalagem 23, São Gonçalo, Funchal 9060-415 ▪ 291 790 350 ▪ www. casa-velha.com ▪ €€€
La Casa Velha, con 200 años de historia, destaca por sus jardines *(ver pp. 32-33)* y su excelente campo de golf *(ver p. 57)*.

También tiene un buen restaurante *(ver p. 85)* y un *spa* de diseño.

Les Suites at The Cliff Bay

PLANO G6 ■ Estrada Monumental 145, Funchal 9004-532 ■ 291 707 770 ■ www.portobay. com ■ €€€

Les Suites, de 5 estrellas, ofrece 23 lujosas *suites* en dos edificios de hace 100 años y una ultra contemporánea, todos conectados por jardines con bellas vistas del Atlántico. Cuenta con piscina infinita y el restaurante Avista *(ver p. 79)*.

Pestana CR7

PLANO Q2 ■ Avenida Sá Carneiro-Praça do Mar, Funchal 9000-017 ■ 291 140 480 ■ www.pestana cr7.com ■ €€€

Lleva las iniciales del futbolista portugués y el número de su camiseta. Ofrece comodidades digitales en todos sus ambientes. Piscina infinita en la azotea, un restaurante y el Museu CR7 *(ver p. 48)*.

Complejos hoteleros

Meliá Madeira Mare

MAPA G6 ■ Rua Leichlingen, Funchal 9000-003 ■ 291 724 140 ■ www.melia madeira.com ■ €€

Este complejo de lujo tiene una gran piscina y un *spa* a la última. Una experiencia única es el servicio "Chef in Your Kitchen", una cena privada en su habitación.

Pestana Grand

MAPA G6 ■ Rua Ponta da Cruz 23, Funchal 9000-103 ■ 291 707 400 ■ www. pestana.com ■ €€

El Grand, en Ponta da Cruz, al oeste de Funchal, tiene

una piscina al aire libre con agua de mar que serpentea por hermosos jardines tropicales y palmeras.

Savoy Saccharum

MAPA B4 ■ Rua Serra de Água 1, Arco da Calheta 9370-083 ■ 291 820 800 ■ www.savoysignature.com ■ €€

Este retiro de moda diseñado por Nini Andrade Silva tiene vistas al puerto deportivo. La decoración del restaurante Engenho se basa en la industria de la caña de azúcar.

The Cliff Bay

MAPA G6 ■ Estrada Monumental 147, Funchal 9004-532 ■ 291 707 700 ■ www.portobay.com ■ €€€

Esta fabulosa propiedad frente al océano está rodeada de hermosos jardines con terrazas que dan a piscinas. Alberga el restaurante Il Gallo d'Oro *(ver p. 60)*, con dos estrellas Michelin. Un lujoso *spa* contribuye a mejorar el bienestar de los huéspedes.

Pestana Porto Santo

MAPA L2 ■ Estrada Regional 120, Sitio do Campo de Baixo, Porto Santo 9400-242 ■ 291 144 000 ■ www.pestana.com ■ €€

Este complejo de playa con todo incluido ofrece *suites* de una o dos habitaciones y villas junto a la piscina. Posee varias instalaciones de ocio.

Reid's Palace

MAPA G6 ■ Estrada Monumental 139, Funchal 9000-098 ■ 291 717 171 ■ www.belmond.com ■ €€€

El mundialmente famoso Reid's tiene el aspecto de

una casa de campo señorial. Posee antigüedades y obras de arte en todos los rincones, jardines con piscinas y buenas vistas. Aumentan su encanto un *spa* y el restaurante William *(ver p. 79)* con estrella Michelin.

Savoy Palace

MAPA G6 ■ Avenida do Infante 25, Funchal 9004-542 ■ 291 213 500 ■ www.savoysignature. com ■ €€€

Mezcla en sus 352 habitaciones diseño contemporáneo con toques *belle époque*. Cuenta con un lujoso *spa*, el mayor de Portugal, y el estupendo restaurante Galáxia en la azotea.

Casas de huéspedes y B&B

INATEL Porto Santo

MAPA L2 ■ Estrada Regional 120, Cabeço, 9400-242 Porto Santo ■ 291 980 300 ■ €

A 10 minutos a pie de la playa central de la isla, este hotel es una de las mejores opciones económicas de Porto Santo. Los huéspedes pueden bañarse en la piscina o alquilar bicicletas para explorar los alrededores.

Hotel Salgueiro

MAPA B1 ■ Rua do Tenente 34, Porto Moniz 9270-156 ■ 291 850 080 ■ www.salgueiroporto moniz.com ■ €

El Salgueiro, que pasado de *pensão* a hotel, conserva su encanto y hospitalidad. Las habitaciones y *suites* se han renovado y el restaurante sigue siendo atractivo.

Residencial Amparo

MAPA K4 ■ Rua da Amargura, Machico 9200-085 ■ 291 968 120 ■ www.amparohotel.com ■ €
La aclamada decoradora de interiores Nini Andrade Silva ha decorado esta amplia y luminosa casa de huéspedes de 12 habitaciones. El restaurante ofrece platos de Madeira.

Vila Teresinha

PLANO N1 ■ Rua das Cruzes 21, Funchal 9000-025 ■ 291 741 723 ■ www.vilateresinha.com ■ €
Acogedora casa de huéspedes de gestión familiar, tiene algunas habitaciones con bonitos balcones con vistas a Funchal. Cerca del Museu da Quinta das Cruzes (ver p. 18-19).

Residencial da Mariazinha

PLANO P5 ■ Rua de Santa Maria 155, Funchal 9000-040 ■ 291 220 239 ■ www.petit-hotelsmadeira.com/pt/residencial-mariazinha-guest-house ■ €€
Esta encantadora posada, en la calle más antigua de Funchal, tiene una habitación doble, una *suite* y dos apartamentos con dos camas (para cuatro adultos). Se pide estancia mínima de tres noches.

Sé Boutique Hotel

PLANO P3 ■ Travessa do Cabido 17, Funchal 9000-715 ■ 291 224 444 ■ www.seboutiquehotel.com ■ €€
Enclavado en el corazón de Funchal, este hotel de 54 habitaciones tiene tres restaurantes y un jardín tropical anexo a su patio interior. El bar de la azotea ofrece magníficas vistas.

Hoteles en el centro de Madeira

Estalagem Eira do Serrado

MAPA G4 ■ Curral das Freiras 9000-421 ■ 291 710 060 ■ www.eiradoserrado.com ■ €
Este retiro de montaña es un gran punto de partida para hacer excursiones por los alrededores. Magníficas vistas al Curral das Freiras (ver p. 36-37) y las montañas circundantes.

Solar de Boaventura

MAPA G2 ■ Sítio do Serrão, Boaventura 9240-046 ■ 291 860 888 ■ www.solar-boaventura.com ■ €
Casa clásica de Madeira de 1776 reformada, con grandes habitaciones. El restaurante sirve especialidades locales. Cerca está el bosque de laurisilva protegido por la Unesco (ver p. 29).

Monte Mar Palace

MAPA F2 ■ Sítio do Montado, nr Ponta Delgada 9240-104 ■ 291 860 030 ■ www.montemarpalace.com ■ €€
En este hotel, situado en un apartado acantilado en la costa norte del centro de la isla, los huéspedes disfrutan de buenas vistas al Atlántico y las montañas. Tiene piscinas, campo de squash y baño de vapor.

Quinta da Serra

MAPA F5 ■ Estrada do Chote 4, Jardim da Serra 9325-140 ■ 291 640 120 ■ www.hotelquintadaserra.com ■ €€
Esta granja reformada, situada en medio de frondosos jardines y cultivos orgánicos, ofrece habitaciones modernas con vistas al jardín o al mar.

Quinta do Estreito

MAPA F5 ■ Rua José Joaquim da Costa, Estreito de Câmara de Lobos 9325-034 ■ 291 910 530 ■ www.quintadoestreitomadeira.com ■ €€
Antigua finca vinícola más importante de la zona, ahora alberga los restaurantes Adega da Quinta (ver p. 85) y Bacchus. Modernos alojamientos entre jardines.

Quinta do Furão

MAPA H2 ■ Estrada Quinta do Furão 6, Santana 9230-082 ■ 291 570 100 ■ www.quintadofurao.com ■ €€
Las habitaciones de este moderno hotel de estilo tradicional disfrutan de vistas a la costa norte. Está situado en un cabo cerca de Santana y destaca por su excelente restaurante (ver p. 85).

Hoteles en el oeste de Madeira

Calheta Glamping Pods

MAPA B3 ■ Caminho dos Serrões 193 ■ 968 452 016 ■ www.hotelmania.net/hotel/calheta ■ €€
Este *camping* de lujo está construido en madera y materiales reciclados. Para levantarse con el océano a la vista y disfrutar de una zambullida en piscina tras haber subido a los acantilados de Paul do Mar (ver p. 29).

Estalagem do Vale

MAPA E2 ■ Sítio das Feiteiras de Baixo, São Vicente 9240-206 ■ 291 840 160 ■ www.estalagemdovale.com ■ €
Esta joya es una posada histórica de estilo campestre, situada en el bosque de laurisilva

protegido por la Unesco (ver p. 29). tiene piscina, *spa* y restaurante. Estancia mínima dos noches.

Hotel Encumeada

MAPA E4 ▪ Feiteiras-Serra de Água 9350-000 ▪ 291 951 282 ▪ €
Este gran hotel estilo chalet, con vistas a la montaña y en medio de un bosque de laurel, se halla cerca de algunas de las mejores *levadas* y senderos de montaña de la isla.

Aqua Natura

MAPA C1 ▪ Rotunda da Piscina 3, Porto Moniz 9270-156 ▪ 291 640 100 ▪ www.aquanaturahotels.com ▪ €€
Los azules brillantes y los verdes lima dan al interior de este hotel familiar un carácter ligero y tranquilo. Está situado muy cerca de las piscinas naturales de roca (ver p. 53).

Estalagem Ponta do Sol

MAPA D5 ▪ Quinta da Rochina, Ponta do Sol 9360-529 ▪ 291 970 200 ▪ www.pontadosol.com ▪ €€
En este elegante hotel situado en lo alto de un acantilado se disfruta de las puestas de sol. Torres y puentes unen la moderna zona de huéspedes con los espacios más tradicionales, incluido un restaurante con muros transparentes.

Jardim Atlântico

MAPA B3 ▪ Caminho Lombo da Rocha, Prazeres 9370-612 ▪ 291 820 220 ▪ €€
Parte del encanto de este hotel es que esté en un lugar remoto. Posee grandes apartamentos, estudios, *bungalows* y un pequeño supermercado.

Savoy Calheta Beach

MAPA B4 ▪ Vila da Calheta, Calheta 9370-133 ▪ 291 820 300 ▪ www.savoysignature.com ▪ €€
Este elegante hotel con vistas a la playa de arena de la Calheta (ver p. 52) parece un balneario mediterráneo. Las habitaciones, *suites* y apartamentos se encuentran alrededor de una piscina al aire libre, y tiene dos restaurantes.

Hoteles en el este de Madeira

Porto Bay Serra Golf

MAPA J4 ▪ Sítio dos Casais Próximos, Santo da Serra 9100-255 ▪ 291 550 500 ▪ www.portobay.com ▪ €
Cerca del campo de golf Santo da Serra (ver p. 57) ofrece una piscina cubierta, *spa*, gimnasio y biblioteca. Vale la pena probar el restaurante Avó Micas (ver p. 99).

White Waters

MAPA K4 ▪ Praceta 25 de Abril 34, Machico 9200-084 ▪ 291 969 380 ▪ www.whitewaters-madeira.com ▪ €
Cerca del aeropuerto y con habitaciones con vistas al mar. Tiene restaurante una estupenda terraza. La playa de Machico (ver p. 52) está cerca.

Albatroz Beach & Yacht Club

MAPA K5 ▪ Quinta Dr. Américo Durão, Sítio da Terça, Santa Cruz 9100-187 ▪ 291 520 290 ▪ www.albatrozhotel.com ▪ €€
Este hotel de diseño de 15 habitaciones mezcla el estilo marinero con motivos tradicionales de la isla y la sensación de exclusividad. Cuenta con piscinas de agua dulce y marina, espléndidos jardines y un restaurante.

Cais da Oliveira

MAPA J6 ▪ Caminho Cais da Oliveira, Caniço de Baixo 9125-028 ▪ 291 934 991 ▪ www.rocamarlidoresorts.com ▪ €€
Las habitaciones y *suites* se organizan en torno a unas piscinas, interior y exterior, un restaurante y terrazas que miran al cristalino océano azul.

Four Views Oasis

MAPA J5 ▪ Praia dos Reis Magos, Caniço 9125-024 ▪ 291 930 100 ▪ www.theviewshotels.pt ▪ €
Este hotel frente al mar, muy popular y a buen precio, puede organizar todo tipo de paquetes de actividades de ocio. La popular Praia dos Reis Magos (ver p. 53) está a un paso.

Galosol

MAPA J5 ▪ Ponta da Oliveira, Caniço 9125-031 ▪ 291 930 930 ▪ www.galoresort.com ▪ €€
Da importancia al turismo activo y ofrece yoga al aire libre, *jogging* y kayak entre otras aficiones. También tiene dos piscinas y un *spa*.

Quinta Splendida

MAPA J5 ▪ Estrada Ponta da Oliveira 11, Caniço 9125-001 ▪ 291 930 400 ▪ www.quintasplendida.com ▪ €€
Esta casa señorial del siglo XIX restaurada, escondida entre hermosos jardines botánicos, posee 141 habitaciones tradicionales, 25 *suites* con *spa* y tres restaurantes.

Índice general

Agradecimientos

Edición actualizada por

Colaboración Joana Taborda

Edición sénior Dipika Dasgupta

Edición de proyecto Anuroop Sanwalia, Rebecca Flynn

Diseño de proyecto sénior Vinita Venugopal

Documentación fotográfica sénior Vagisha Pushp

Iconografía Taiyaba Khatoon

Diseño de cubierta Jordan Lambley

Cartografía sénior Subhashree Bharti

Cartografía Suresh Kumar

Diseño DTP Tanveer Zaidi

Producción sénior Jason Little, Kariss Ainsworth

Responsables editoriales Shikha Kulkarni, Beverly Smart, Hollie Teague

Edición de arte Sarah Snelling

Edición de arte sénior Priyanka Thakur

Dirección de arte Maxine Pedliham

Dirección editorial Georgina Dee

DK quiere dar las gracias a las siguientes personas por su contribución a la edición anterior: Christopher Catling, Paul Bernhardt, Hilary Bird, Leena Lane, Kellie Walsh.

La editorial quiere agradecer a las siguientes personas, instituciones y compañías el permiso para reproducir las siguientes fotografías:

Leyenda: a=arriba; b=abajo; c=centro; f=extremo; l=izquierda; r=derecha; t=superior

123RF.com: catafratto 4cla; Wiestaw Jarek 97cla; Erich Teister 68cla.

Alamy Stock Photo: ACORN 1 49tr; AG Srl / Lorenzo de Simone 64br; Arco Images GmbH 89bl; Art Collection 2 19br; K J Bennett 37tr; Paul Bernhardt 23tl, 101b; Bildagentur-online / Sunny Celeste 24t; Philip Bird 56bl; Richard Bond 32-3, 38cla; Ccero Castro 36br; Clearview 45br; clive thompson travel 37crb; Maurice Crooks 11tl; Park Dale 34br; Martin A. Doe 44cl; eye35.pix 4crb; Doug Houghton Eur 27tl, 44b; Stephen Frost 78tl; Hackenberg-Photo-Cologne 18bc; Hemis 39tl, 51cl, 55cl; George Hopkins 30-31; Ian Dagnall Commercial Collection 16br; Iconotec 6cla, 12bl; imageBROKER 10bl, 46t; Karol Kozlowski Premium RM Collection 62b, 101tr; David Kilpatrick 91br; kpzfoto 104tc; Ian Littlewood 11clb; LOOK Die Bildagentur der Fotografen GmbH 33br; Michael Lutz 39crb; Vaclav Mach 73tr; Cro Magnon 63cb; mauritius images GmbH 55br; McCanner 45tl; Graham Mulrooncy 35cl; Nature Picture Library 98tl; North Wind Picture Archives 42cl; Paulo Oliveira 65tl; Pictures Colour Library 74b; Pixel Prints 104br; Prisma by Dukas Presseagentur GmbH 4cl; Purple Marbles Madeira 48tl; Radius Images 23cr; Peter Scholey 25tr; Ian Smith 32clb; P Tomlins 3tr; Tromp Willem van urk 24bl; Sebastian Wasek 33tl, 66tl; David Wingate 67tr; Jan Wlodarczyk 92-3; Zoonar GmbH 16cla.

AWL Images: Mauricio Abreu 87tr; Peter Adams 96br; ImageBROKER 20t.

Baleia Vulcnica: 64cla.

Beef and Wines: 79br.

Casa Museu Frederico de Freitas, Funchal: 48b.

Dreamstime.com: Albertoloyo 4t; Aldorado10 11b, 49cl, 54b, 82-3, 84tr, 84clb, 87b; Andersastphoto 28tl; Anitasstudio 2tr, 4clb, 34c, 40-41, 59br, 68b; Anphotos 29tc; Arbaes 4cr; Kushnirov Avraham 80tl; Marilyn Barbone 57tr; Marcel Van Den Bos 12-13, 22bl; Alena Brozova 29bl; Marco Canoniero 43tr; Jiri Castka 7tr; Clickos 10crb, 19cl, 72tl, 75cla; Coplandj 102bl; Henner Damke 3tl, 70-71; Dobs65 95b; Aleksandra Durdyn 53tr; Dziewul 54tl, 94cla; Morten Ekstroem 102t; Finaldream 77tr, 86ca; Armando Frazão 66-7, 100ca; Elena Frolova 25bl; Darren Howe 83cl; Nigel Hoy 90cl; Ihb 17tl; Wieslaw Jarek 13tl; Bernd Kelichhaus 51tr, 96ca; Anna Lurye 38-9, 52bl, 82cl; Alexander Mychko 61tr; Alexander Nikiforov 26br; Philip Openshaw 35tl; Photonics 43tr; Petr Pohudka 35ca; Saiko3p 10cla, 11tr, 13br, 50b; Sandra 4b; Denis Shikov 27bl; John Silva 47cr; Merten Snijders 53clb; Rechitan Sorin 26-7; Nikolai Sorokin 58cla; T.w. Van Urk 58br; Zhykharievavlada 65br.

Getty Images: Henri Bureau 43cla; Luis Davilla 63clb; DEA / G. Dagli Orti 42br; Simeone Huber 7br, 52t; Holger Leue 46bc, 69cl; Frank Lukasseck 28b; Moment / Marco Bottigelli 1.

Getty Images / iStock: aqualuso 36-7 c, 11crb; Juergen Sack 88-9; saiko3p 81b.

Il Gallo d'Oro: 60t, 79ca.

Museu de Arte Sacra do Funchal: 10clb, 14c, 14bc, 15tl, 15c, 15bc, 15bl.

Panorama Restaurant: 105crb.

Quinta ds Cruzes Museum: © MQC File 18a.

Quinta do Furão: 61bl.

Quinta Splendida Wellness & Botanical Garden: 99br.

Robert Harding Picture Library: Factoria Singular 16–17; Christian Handl 21cr, 21bl; Michael Jenner 50tc; Michael Nolan 81cr; Ellen Rooney 11cra.

SuperStock: age fotostock 69tr; age fotostock / Karol Kozlowski 95tr, 103bl, / Mauro Tandoi 17crb, / Sebastian Wasek 22–3; imageBROKER 78c, / imageb / Norbert Probst 57clb, /Stefan Kiefer 88clb; Westend61 56tr.

Cubierta

Portada y lomo: **Getty Images:** Moment / Marco Bottigelli.

Trasera: **Alamy Stock Photo:** eye 35 stock crb, Peter Schickert tl; **Getty images:** Moment / Marco Bottigelli b; **Shutterstock:** Balate Dorin clb, Pawel Kazmierczak tr.

Mapa desplegable

Getty Images: Moment / Marco Bottigelli.

Resto de imágenes
© Dorling Kindersley

Para más información:
www.dkimages.com

Penguin Random House

De la edición española
Coordinación editorial
Cristina Gómez de las Cortinas
Servicios editoriales Moonbook
Traducción DK

Impreso y encuadernado en Malasia

Publicado originalmente en
Gran Bretaña en 2005
por Dorling Kindersley Limited
DK, One Embassy Gardens, 8 Viaduct
Gardens, London SW11 7BW, UK

Copyright © 2005, 2023 Dorling
Kindersley Limited
Parte de Penguin Random House

Título original Eyewitness Travel
Top 10 Madeira
Novena edición, 2024

ISBN 978-0-241-70530-8

MIXTO
Papel | Apoyando la
selvicultura responsable
FSC™ C018179
FSC
www.fsc.org

Este libro se ha impreso con papel
certificado por el Forest Stewardship
Council™ como parte del compromiso
de DK por un futuro sostenible.
Para más información, visita
www.dk.com/our-green-pledge

Frases útiles

Emergencias

¡Socorro!	Socorro!
¡Pare!	Pare!
¡Llame a un médico!	Chame um médico!
¡Llame a una ambulancia!	Chame uma ambulância!
¡Llame a la policía!	Chame a polícia!
¡Llame a los bomberos!	Chame os bombeiros!

Comunicación básica

Sí	Sim
No	Não
Por favor	Por favor/Faz favor
Gracias	Obrigado/da
Perdone	Desculpe
Hola	Olá
Adiós	Adeus
Ayer	Ontem
Hoy	Hoje
Mañana	Amanhã
Aquí	Aqui
Allí	Ali
¿Qué?	O quê?
¿Cuál?	Qual?
¿Cuándo?	Quando?
¿Por qué?	Porquê?
¿Dónde?	Onde?

Frases habituales

¿Cómo está?	Como está?
Muy bien, gracias	Bem, obrigado/da.
¿Dónde está/están?	Onde está/estão…?
¿A qué distancia está...?	A que distância fica…?
¿Cómo se va a...?	Como se vai para…?
¿Habla inglés?	Fala Inglês?
Disculpe	Desculpe.
¿Puede hablar más lento por favor?	Pode falar mais devagar por favor?

Palabras habituales

grande	grande
pequeño	pequeno
caliente	quente
frío	frio
bueno	bom
malo	mau
abierto	aberto
cerrado	fechado
izquierda	esquerda
derecha	direita
recto	em frente
cerca	perto
lejos	longe
arriba	suba
abajo	desça
temprano	cedo
tarde	tarde
entrada	entrada

salida	saída
servicios	casa de banho
más	mais
menos	menos

Compras

¿Cuánto cuesta esto?	Quanto custa isto?
Querría...	Queria …
Solo estaba mirando	Estou só a ver obrigado/a.
¿Acepta tarjetas de crédito?	Aceita cartões de crédito?
¿A qué hora abre?	A que horas abre?
¿A qué hora cierra?	A que horas fecha?
esto/eso	este/esse
caro	caro
barato	barato
tamaño	número
blanco	branco
negro	preto
rojo	roxo
amarillo	amarelo
verde	verde
azul	azul
panadería	padaria
banco	banco
librería	livraria
pastelería	pastelaria
farmacia	farmácia
mercado	mercado
kiosco	kiosque
oficina de correo	correios

Visitas

catedral	sé
iglesia	igreja
jardín	jardim
biblioteca	biblioteca
museo	museu
información turística	posto de turismo
estación de autobuses	estação de autocarros
estación de tren	estação de comboios

En el hotel

¿Tiene una habitación libre?	Tem um quarto livre?
habitación con baño	um quarto com casa de banho
ducha	duche
habitación individual	quarto individual
habitación doble	quarto de casal
habitación con dos camas	quarto com duas camas
Tengo reserva	Tenho um quarto reservado.

En el restaurante

¿Tiene mesa para...?	Tem uma mesa para … ?
Quiero reservar una mesa.	Quero reservar uma mesa.

La cuenta, por favor	A conta por favor/faz favor.
Soy vegetariano/a.	Sou vegetariano/a.
el menú	a lista
carta de vinos	a lista de vinhos
vaso	um copo
botella	uma garrafa
cuchillo	uma faca
tenedor	um garfo
cuchara	uma colher
plato	um prato
desayuno	pequeno-almoço
almuerzo	almoço
cena	jantar
entrada	entrada
plato principal	prato principal
postre	sobremesa
poco hecho	mal passado
medio	médio
muy hecho	bem passado

La carta

açorda	Filete empanado
açúcar	azúcar
água mineral	agua mineral
alho	ajo
amêijoas	almejas
arroz	arroz
assado	asado
atum	atún
azeitonas	aceitunas
bacalhau	bacalao
batatas	patatas
batatas fritas	patatas fritas
bica	café expreso
bife	filete
bolo	bollo
café	café
carangueijo	cangrejo
carne	carne
cebola	cebolla
cerveja	cerveza
chá	té
chouriço	chorizo
cogumelos	champiñones
cordeiro	cordero
dourada	dorada
fiambre	jamón
frango	pollo
frito	frito
fruta	fruta
gambas	gambas
gelado	helado
gelo	hielo
grelhado	a la parrilla
leite	leche
manteiga	mantequilla
marisco	marisco
ostras	ostras
ovos	huevos
pão	pan
pastel	pastel
peixe	pescado
pimenta	pimienta
porco	cerdo
queijo	queso
sal	sal
salada	ensalada
salsichas	salchichas
sopa	sopa
sumo	zumo
tomate	tomate
vinho branco	vino blanco
vinho tinto	vino tinto
vitela	ternera

Números

0	zero
1	um
2	dois
3	três
4	quatro
5	cinco
6	seis
7	sete
8	oito
9	nove
10	dez
11	onze
12	doze
13	treze
14	catorze
15	quinze
16	dezasseis
17	dezassete
18	dezoito
19	dezanove
20	vinte
21	vinte e um
30	trinta
40	quarenta
50	cinquenta
60	sessenta
70	setenta
80	oitenta
90	noventa
100	cem
101	cento e um
200	duzentos
500	quinhentos
1000	mil

Tiempo

un minuto	um minuto
una hora	uma hora
media hora	meia-hora
lunes	segunda-feira
martes	terça-feira
miércoles	quarta-feira
jueves	quinta-feira
viernes	sexta-feira
sábado	sábado
domingo	domingo

Lugares de interés